Wolfgang Neugebauer
Die Geschichte Preußens

SERIE PIPER

Zu diesem Buch

Lange Zeit wurde über Preußen mehr geredet als geforscht. Für die einen wurde Preußen zur Weltanschauung, bei anderen schürte es tiefe Ängste und galt insbesondere nach dem Zweiten Weltkrieg vielen als die Wurzel allen Übels. Auch ein halbes Jahrhundert nach dem Ende der staatlichen Existenz Preußens hat seine Geschichte eine gesellschaftliche Brisanz, und hinter dem heutigen Interesse an Preußen steckt nicht zuletzt die Suche nach einer deutschen Identität. Kompetent und informativ erzählt Wolfgang Neugebauer die preußische Geschichte von den mittelalterlich-territorialen Grundlagen bis zur Auflösung des preußischen Staates im Jahr 1947, jenseits von gängigen Geschichtslegenden und keineswegs nur als Abfolge bedeutender Herrscher. Preußen war nie so geschlossen und obrigkeitsstaatlich, wie es im nachhinein scheinen mag, sondern ein politisches Gebilde, das aus verschiedenen europäischen Regionen bestand. Das macht Preußen heute mehr denn je zu einem aktuellen europäischen Thema.

Wolfgang Neugebauer ist Professor für Geschichte der Frühen Neuzeit an der Bayerischen Julius-Maximilians-Universität Würzburg. Er ist ordentliches Mitglied der Berlin-Brandenburgischen Akademie der Wissenschaften und Herausgeber des wissenschaftlichen Handbuchs preußischer Geschichte.

Wolfgang Neugebauer
Die Geschichte Preußens

Von den Anfängen bis 1947

Mit 8 Abbildungen und 9 Karten

Piper München Zürich

Die kleinformatigen Karten stammen aus: Moderne Preußische Geschichte 1648–1947. Eine Anthologie. Bearbeitet und herausgegeben von Otto Büsch und Wolfgang Neugebauer, Bd. 3, Berlin / New York 1981. Die doppelseitige Karte wurde folgendem Band entnommen: Reinhold Koser, Geschichte der brandenburgisch-preußischen Politik, Bd. 1, Stuttgart / Berlin 1913.

FSC

Dieses Taschenbuch wurde auf FSC-zertifiziertem Papier gedruckt. FSC (Forest Stewardship Council) ist eine nichtstaatliche, gemeinnützige Organisation, die sich für eine ökologische und sozialverantwortliche Nutzung der Wälder unserer Erde einsetzt (vgl. Logo auf der Umschlagrückseite).

Durchgesehene Taschenbuchausgabe
Piper Verlag GmbH, München
1. Auflage Februar 2006
3. Auflage Mai 2007

Umschlag / Bildredaktion: Büro Hamburg
Heike Dehning, Charlotte Wippermann,
Alke Bücking, Kathrin Hilse
Foto Umschlagvorderseite: Stiftung Preußische Schlösser und
Gärten Berlin Brandenburg / Dr. Clemens Zahn
Papier: Munken Print von Arctic Paper Munkedals AB, Schweden
Gesamtherstellung: Clausen & Bosse, Leck
Printed in Germany ISBN 978-3-492-24355-1

www.piper.de

INHALT

I. Die Aktualität Preußens

In diesem Abriß, dieser Skizze einer Geschichte Preußens wird der Versuch unternommen, neue Forschungsansätze, wie sie in den letzten – sagen wir – zwei Jahrzehnten von Historikern und Historikerinnen ganz unterschiedlicher wissenschaftlicher Herkunft erarbeitet worden sind, zu einem Gesamtbild zu verdichten. Mit anderen Worten: Es sollte erprobt werden, ob diejenigen Thesen und Akzente, die die neue wissenschaftliche Befassung mit dem „alten" Thema Preußen in der archivischen Arbeit zutage gefördert hat, gewissermaßen in eine neue Gesamtdarstellung eingefügt, vielleicht gar zu einer moderneren Neuinterpretation zusammengefügt werden können. Es verstand sich dabei von selbst, daß die klassische, ältere quellengestützte Forschung, da, wo sie nach wie vor den Kenntnisstand bestimmt, zugrunde gelegt werden muß. Es ist nun aber Zeit für den Versuch einer neuen Synthese.

Lange Zeit wurde über Preußen mehr geredet als geforscht. Meinungen überwuchern Kenntnisse. Preußen wurde für die einen zur Weltanschauung, ja zum Konfessionsersatz, für andere zu einer politisch-kulturellen Gefährdung, der entweder durch Stigmatisierung oder durch geschichtspolitische Eliminierung beizukommen sei. Preußen macht manchmal euphorisch, bei anderen schürt es Ängste. Denn das steht fest: Nach dem Ende der staatlichen Existenz Preußens, nach den Zäsuren der Jahre 1932, 1933 und 1947, behielt die preußische Historie gleichwohl gesellschaftliche Brisanz: gesellschaftliche, denn in unkalkulierbaren Schüben zeigt sich eine schwer bestimmbare, schwer ergründbare Nachfrage nach Informationen über Themen, die integral zur preußischen Historie gehören. Einschlägige Lehrveranstaltungen waren gut besucht, nicht nur in Berliner Universitäten, sondern sie sind es auch im Westen und Süden der östlicher gewordenen Bundesrepublik. Ausstellungsprojekte werden nachgefragt, Jubiläen produzieren Konjunkturen und – bisweilen politische – Irritationen. Preußen will, so scheint es, auch ein halbes Jahrhundert nach seinem Ende, nicht recht sterben.

Was verbirgt sich hinter diesen uns scheinbar vordergründigen Phänomenen modern vermarkteter Erinnerungskultur? Im preußischen Geschichtsproblem steckt ganz offenbar ein gutes Stück aktueller Identitätssuche in einer Kultur, die diese ihre Identität im 20. Jahrhundert mehrfach verloren und noch nicht recht wiedergefunden hat. Nur soviel ist sicher: Auch unter dem politisch gewollten Primat einer Verwestlichung Mitteleuropas ist unsere Geschichte doch nicht schlechterdings eine Variante der westeuropäischen Historie. Worin, so wird heute mehr explizit als implizit gefragt, besteht denn das Besondere der historischen Traditionen jener Geschichtslandschaften, die jetzt zur Bundesrepublik gehören? Dieses Besondere besteht eben darin, daß unsere Geschichte nicht allein geprägt wird vom Schicksal der Landschaften an Rhein, Main und Donau, sondern auch von den Regionen an Elbe und Oder, also nicht nur von jenen Kulturräumen, in denen das römische und katholische Erbe bis in die Gegenwart lebendig ist, sondern auch von anderen, östlicheren Landschaften. Dieses Anderssein der Regionen, die heute teils zu Polen, Rußland und Litauen gehören, teils als neue Bundesländer an der Oder an Ostmitteleuropa grenzen, gilt es zu ergründen. Was haben sie zu unserer Geschichte beigetragen, wie wirkten sie auf die mitteleuropäische Entwicklung zurück? In Preußen mit Gebieten am Rhein, an Elbe, Oder, Weichsel und Memel verschmolzen europäische Strukturen, östliche und westliche.

Das also bedeutet für uns Heutige: Preußen, wenn es wichtig ist, besteht eben nicht aus einem Konglomerat aus Preußentümern und (positiv oder negativ besetzten) Geschichtslegenden, sondern aus einem lebendig-präsenten Grundproblem mitteleuropäischer Existenz: dem Problem, nicht nur nach Westen hin zu gravitieren, sondern auch mit dem Osten Mitteleuropas in spezifischer Beziehungskonstellation zu existieren. Preußen ist also (heute mehr denn je) ein europäisches Thema, das macht es wichtig und interessant. Preußen versammelte also Gebiete und Bevölkerungsgruppen ganz verschiedener Traditionen und ethnischer Wurzeln. Es war unaufgesetzt plural, pluralistischer als es scheinen wollte und sollte. Deshalb konnte Preußen auch nie „national" sein, und als das nationale Prinzip im 19. Jahrhundert in Europa bestimmend wurde, da begann Preußen zu sterben. Wir werden Preußen also erleben als ein politisches Gebilde, das aus – ganz verschiedenen – europäischen Regionen bestand, lange Zeit ohne zusammenhängend geschlossenes Staatsgebiet, mit Landeseliten und Bevölkerungsgruppen, die mit den nachbarlichen Landschaften und Staaten mehr zu tun hatten (und zu tun haben wollten) als mit der eigenen Dynastie im märkischen Berlin. Die Kurfürsten-Herzöge und (seit 1701) Könige hatten immer damit zu schaffen, die Staatseinheit erst herzustellen und sie dann zu erhalten, und das unter dem Außendruck der europäischen Mächtekonjunkturen. Die Geschichte Preußens ist also sehr viel mehr als die Historie der großen Dynastien und der prägenden Persönlichkeiten, und doch ist sie – natürlich – auch nicht ohne sie zu verstehen. In den „klassischen" Jahrhunderten preußischer Existenz war den Fürsten die Staats-Identität zuallererst wichtig, dann – jedenfalls zu Zeiten – auch die konfessionelle. Nationalität und Herkunft der Untertanen hingegen waren nachrangige Fragen: Das alles machte Preußen „europäisch", das alles macht Preußen – das nie nur ein Teil der deutschen Geschichte war – so interessant, ja wichtig bis heute!

Heute wissen wir: Preußen war nie so monolithisch, geschlossen und obrigkeitsstaatlich, wie es, von außen gesehen, zu sein schien. Dies ist ein wesentlicher Aspekt, den die neuere Forschung betont: Preußen war auch nicht nur vielfältig-regionalistischer, in ihm gab es vor allem Freiräume, ja immer auch politische Partizipation auf verschiedenen Ebenen: Sie wurde gelebt in den europäischen Regionen, die zu Preußen gehörten. Wir sehen Preußen heute nicht mehr primär aus der Perspektive der Herrscher und der Verwaltung in der Residenz, wir betrachten dieses historische Phänomen mehr aus den Landschaften, damit auch mehr „von unten". Die Regionen waren nie nur Rückhalt des „Partikularismus", in ihnen wurden produktive Gegenkräfte zum dynastisch-gesamtstaatlichen Pol lebendig. Nach den Resultaten der neuesten Forschung sehen wir Preußen heute also als politisches Gebilde, in dem ein konstruktiver Regionalismus wirkte, teils als Korrektiv, teils als Bauprinzip eines Staates, der sich unter schwierigen Bedingungen im europäischen Kräftefeld behaupten mußte. Wie hat er dies erreicht? Nun, indem er bestimmte Felder herrschaftlicher Tätigkeit mit entschlossener Einseitigkeit modernisierte: Das Militär, die Administration, die Landesökonomie und die Finanzorganisation gehörten früh dazu. Noch in der Mitte des 19. Jahrhunderts war, nach dem Selbstverständnis des preußischen Ministerpräsidenten, „Preußen kein eigentlicher Nationalstaat, sondern wesentlich ein Militär- und Beamtenstaat“. Aber auch hier ist vor Klischees zu warnen, vor Überzeichnungen und karikaturhaften Feind- und Fremdsichten späterer Zeiten und politischer Kämpfe, die allzu lange eine realistische Sicht auf Preußen verstellt, jedenfalls behindert haben.

Das sind einige grundsätzliche Aspekte, die vielleicht schon zeigen, daß es auch am Anfang des 21. Jahrhunderts gerechtfertigt, ja vielleicht für uns sogar notwendig ist, uns mit der Geschichte Preußens, seinen Entwicklungsphasen und Grundproblemen zu befassen. Vielleicht bietet ja gerade die preußische Historie den Zugang zu einem europäisierten Geschichtsbild.

Wolfgang Neugebauer

II. Landesstaaten und Regionen seit dem hohen Mittelalter

1. Am Rande Ostmitteleuropas

Wir betreten mit den Landschaften an Elbe und Oder, an Weichsel, Pregel und Memel europäische Regionen, die sich von der Struktur West- und Mitteleuropas vom Grundsatz her unterscheiden. Anders als im Westen fehlen alle Untergründe der „Germania Romana". Diejenigen Regionen, die den Staat, den wir vor 1701 besser Brandenburg-Preußen nennen, geprägt haben, gehören nicht zum deutschen Altsiedel-Raum. Die Landschaften, aus denen Brandenburg-Preußen erwuchs, sind an Elbe, Oder und südlich der Ostsee klassische Zonen der „Germania Slavica". Die Kulturlandschaften, die Siedlungsstruktur, sogar das Pfarrnetz wurden geprägt in einem hochmittelalterlichen Strukturbildungsprozeß, den man in der Forschung teils Ostkolonisation, teils Ostbewegung genannt hat – ein über das Wirtschaftliche weit hinausreichender Landesausbau, der übrigens zur selben Zeit – mutatis mutandis – auch in anderen Teilen Europas, im Südwesten und im Nordwesten, beobachtet werden kann. Vor modernen Vorstellungen vom Kolonialismus ist jedenfalls zu warnen, ebenso vor der Rückprojektion neuerer nationaler Schemata in jene fernen mittelalterlichen Zeiten, zumal in das 12. und 13. Jahrhundert. Ältere Sichtweisen von Germanisierung und der allgemeinen Unterwerfung der slavischen Bevölkerung, die im Zuge der Völkerwanderung etwa an Elbe und Oder heimisch geworden war, sind überholt, ja widerlegt. Das Wesentliche ist: ein langsamer Prozeß der Assimilation, eine Siedlungs- und Bevölkerungsbewegung, die – gewiß landschaftlich recht verschieden – auch von slavischen Fürsten gewünscht und getragen worden ist. An Konflikten zwischen Slaven und nichtslavischen Siedlern hat es nicht gefehlt; prägend freilich war doch die Symbiose, nachdem die (bisweilen recht äußerliche) Christianisierung – ein Stück kultureller Verwestlichung – einen neuen Grundkonsens geschaffen hatte.

Die Slaven hatten am Landesausbau teil, mit allen Rechten und Pflichten; diskriminierende Zunftklauseln stammen erst aus späteren Zeiten. Ob die slavische Oberschicht in diesen Landschaften geblieben oder ob sie verdrängt worden ist, kann – bei ungünstiger Quellenlage – für den Raum östlich der Elbe nur mit nötigen Differenzierungen beantwortet werden; in Pommern, dessen Anfall an den brandenburg-preußischen Gesamtstaat wir dann seit dem 17. Jahrhundert erleben werden, sprechen starke Indizien dafür, daß einflußreiche große Adelsfamilien der Neuzeit eine slavische Wurzel besaßen.

Konfliktreicher verlief die Landnahme deutscher Herrschaftsträger ganz im Osten, in denjenigen Gebieten, die man im späten 18. Jahrhundert dann Ost- bzw. Westpreußen nennen sollte. Hier faßte seit 1225/26 eine geistliche Korporation, eine Ritterbruderschaft, Fuß, die in den Kreuzzügen entstanden war. Ein einheimischer Großer, Herzog Konrad von Masowien, zog die Deutschordensritter ins Land, „Männer unterschiedlicher sozialer Herkunft: Söhne von Fürsten, von Adligen, von Ministerialen und von Stadtbürgern" (Boockmann). Der Ruf an den Orden war ergangen, um gegen die heidnischen Prußen vorzugehen, von denen das Land Preußen seinen Namen entlehnt. Die Prußen sprachen kein slavisches Idiom, sondern sie gehörten zu den baltischen Völkern, kulturell verwandt den Kuren, den Letten, auch den Litauern. Mission und Unterwerfung der Prußen hatten also einen militanteren Charakter als die deutsche Herrschaftsbildung im elbslavischen Raum, wo viele deutsche Herren, größere und kleinere, zunächst konkurrierten. An Weichsel und Pregel haben zudem Aufstände der Prußen das Element des Kampfes neben das der Siedlung gestellt. Der unter Vermittlung eines päpstlichen Legaten geschlossene Friede von Christburg (1249) schien das Verhältnis der Prußen zum deutschen Orden auf der Basis persönlicher Freiheit, die der einheimischen Vorbevölkerung generell gewährt wurde, regulieren zu können. An dem großen Prußenaufstand seit 1260 hat sich dann auch keineswegs die gesamte nichtdeutsche Bevölkerung beteiligt; der Orden hat zudem den prußischen Adel für sich zu gewinnen gewußt. Auch für das Gebiet des Deutschordensstaates sind alle Vorstellungen von Ausrottung oder Austreibung der nichtdeutschen Vorbevölkerung seit langem widerlegt. Die prußische Sprache hat sich unter den nichtadligen Landbewohnern noch lange gehalten. Im 16. Jahrhundert finden wir sie noch in kleineren, inselartigen Gebieten. Erst im späten 17. Jahrhundert ist das Prußische erloschen.

Auf kolonialem Boden waren größerflächige Herrschaftsbildungen im hohen und späten Mittelalter leichter möglich als im altbesiedelten Reich, das man an der Schwelle zur Neuzeit dann Heiliges Römisches Reich deutscher Nation zu nennen begann. Die Gebiete des späteren preußischen Staates, Sachsen, Böhmen und das ostalpenländische Österreich, sie alle liegen im Osten des Reiches und haben von dort aus die Entwicklung Mitteleuropas in Spätmittelalter und Früher Neuzeit ganz wesentlich mitbestimmt; Ost- und Westpreußen lagen gar jenseits der deutschen Reichsgrenzen. Alle diese Regionen sind, wenn auch individuell recht verschieden, von den strukturbildenden Siedlungs- und Akkulturationsprozessen in den Übergangszonen zu Ostmitteleuropa geprägt worden. Die Menschen, die Siedler und die Herren, haben im Mittelalter ganz wesentlich Landschaften geformt, die späterhin zu Kerngebieten des preußischen Staates wurden. Naturräumliche Bedingungen dürfen dabei nicht verabsolutiert werden: das schon rauhere Klima, geringere Ernteerträge auf Böden unterschiedlicherer Qualität; freilich ist das Klischee vom unfruchtbaren märkischen Sandboden zu undifferenziert. Nur größere Teile Ostpommerns waren ausgesprochen ertragsarm im eigentlichen Sinne.

Auch die landschaftlichen Strukturen des Adels reichen weit in die Zeit vor 1500 zurück. Ein Beispiel: Im altpreußischen Raum hat der Deutsche Orden im 15. Jahrhundert, als sich dieser geistlich-korporative Landesherr längst in einer tiefen, ja existentiellen Krise befand, größere adlige Herren für Dienste als Söldnerführer mit gutem, z. T. sehr fruchtbarem Boden entlohnt. Diese Familien, vor allem im westlichen, „oberländischen" Ostpreußen angesessen, haben dem Staat bis in das 20. Jahrhundert hinein von großen Gutskomplexen aus gedient.

2. Brandenburg und Preußen

Mittelalterliche Wurzeln haben also diejenigen Landschaften geprägt, aus denen später der brandenburg-preußische Gesamtstaat erwuchs. Die Bedingungen größerflächiger Herrschaftsbildungen aber stehen in weiteren, ja europäischen und strukturellen Zusammenhängen. Zwei Landschaften waren es vor allem, die für den Gesamtstaat wichtig und namensgebend geworden sind: Brandenburg und Preußen.

Zunächst deutete nichts darauf hin, daß beide Territorien einmal zusammenkommen sollten; nichts verwies auf eine Entwicklung, die über den Durchschnitt mittelgroßer Landesstaaten – wie z. B. Mecklenburg – hinausführen würde. Deshalb haben diejenigen Dynasten, die zu Beginn des 15. Jahrhunderts die Mark Brandenburg übernahmen, die aus dem Schwäbischen und dann aus dem Fränkischen stammenden Hohenzollern, den Landschaften an Elbe und Oder lange Zeit gar nicht so eindeutig die Priorität gegeben, wenn sie zwischen diesen verschiedenen Herrschaftsschwerpunkten wählen konnten. Mit der Mark Brandenburg war zwar, endgültig seit der Goldenen Bulle des Jahres 1356, das Kurrecht, also die Befugnis verbunden, die künftigen Kaiser des Heiligen Römischen Reiches deutscher Nation zu wählen. Aber in materieller Hinsicht, d. h. gemessen an den Landeserträgen, konnte die Mark Brandenburg noch zu Ende des 15. Jahrhunderts mit den Gebieten um Ansbach, Bayreuth und Kulmbach nicht mithalten. Man rechnet aus der Mark im Jahr mit 40 000 Gulden an landesherrlichen Einkünften, während die fränkischen Herkunftsgebiete der neuen brandenburgischen Herren mit 60 000 Gulden Jahreseinnahme weit potenter schienen. Noch lange war Brandenburg in jeder Hinsicht ein Zuschußgeschäft. Überlegene fränkische Rechentechnik wurde eingesetzt, um die entstehende Hofhaltung an der Spree nicht allzusehr hinter dem zeitmöglichen Entwicklungsstand zurückfallen zu lassen.

Als 1412 der Burggraf von Nürnberg, Friedrich VI., in die Mark zog, haben fränkische Ritter ihn begleitet, und noch für mehr als ein Jahrhundert wurden sensible Positionen in der brandenburgischen Hof- und Landesverwaltung mit geborenen Franken besetzt. Dies gilt insbesondere für die brandenburgischen Kanzler. Erst im letzten Jahrzehnt des 15. Jahrhunderts gewann die Mark Brandenburg stärkere politische Autonomie.

Das alles belegt, daß die brandenburgischen Wurzeln des preußischen Weges zunächst eher unscheinbar waren. Die Mark Brandenburg war zunächst einmal nicht mehr als eine (unter mehreren) der politischen Optionen, die sich die Hohenzollern im Europa des 15. (und dann des 16.) Jahrhunderts zu sichern wußten.

Betrachten wir die politische Entwicklung vom frühen 15. Jahrhundert an im kursorischen Überblick. In den ersten Jahren des 15. Jahrhunderts haben sich die fränkischen Hohenzollern sehr eng an das deutsche Königtum angelehnt, und das nicht nur in der Reichspolitik, sondern auch ganz wesentlich darüber hinaus. Es sei nur erwähnt, daß Burggraf Friedrich VI. von Nürnberg, der um Ansbach und die Kadolzburg seinen territorialen Schwerpunkt besaß, den deutschen König Sigismund auch in Ungarn tatkräftig unterstützt hatte. Die dynastische Konstellation, die es dem deutschen König seit 1411 ermöglichte, die Mark Brandenburg neu zu vergeben, brachte die fränkischen Hohenzollern in mehreren Schritten bis 1415/17 in den Besitz des nordöstlichsten Kurfürstentums im Heiligen Römischen Reich. Für König Sigismund schien dies ein probates Mittel zu sein, um die Mark mit einem zuverlässigen Parteigänger im eigenen Interesse zu sichern. Das hat in der Folgezeit dann doch nicht ausgeschlossen, daß zwischen dem ersten hohenzollernschen Kurfürsten, der nun als Friedrich I. zu neuem politischen Gewicht kam, und seinem Gönner Spannungen entstanden. Denn zugleich hat Friedrich Stellung beziehen müssen in den ostmitteleuropäischen Kräftekonstellationen; er hat – entgegen der Generallinie Sigismunds – den Deutschen Orden zu Zeiten unterstützt, auch mußte dem Kurfürsten daran gelegen sein, eine selbständigere Polenpolitik zu betreiben, bis hin zu weitreichenden Heiratsprojekten zwischen den Hohenzollern und der polnischen Königsfamilie.

Dabei ging es zunächst einmal für Friedrich I. und für die brandenburgischen Hohenzollern im 15. Jahrhundert darum, die Mark nach innen und außen zu konsolidieren. Auch Kurfürst Friedrich II. und dann Albrecht Achilles haben diese Arbeit noch fortsetzen müssen. In den Jahren um 1400 waren die Nachbarn von mehr als einer Seite daran gegangen, Randgebiete der Mark Brandenburg zu okkupieren. Dies galt für den Erzbischof von Magdeburg im Westen, im Norden und Nordosten für die schwierigen Beziehungen zu Mecklenburg und zu den Pommernherzögen. Im Osten, schon jenseits der Oder, befand sich die Neumark noch bis in die 1450er Jahre im Pfandbesitz des Deutschen Ordens. Gelang hier im Jahre 1455, nach erster Konsolidierung der brandenburgischen Finanzen, der Rückkauf, so war an anderen Fronten die frühe hohenzollernsche Revindikationspolitik begleitet von teils heftigen Kämpfen.

Mit der äußeren, der territorialen Konsolidierung der Mark Brandenburg ging die innere Festigung einher. Berühmt, ja legendenhaft gefärbt sind die frühen Auseinandersetzungen der Hohenzollern mit einzelnen märkischen Adelsgeschlechtern. Nun mußten die neuen, fränkischen Dynasten zu einem modus vivendi mit den endogenen Kräften des Landes gelangen. Sie taten dies, indem sie nicht etwa auf eine vollständige Unterwerfung der großen märkischen Adelsgeschlechter hinwirkten. Ungeachtet einzelner spektakulärer, fast demonstrativer Aktionen, etwa des Zusammenstoßes mit den Quitzows, kam es insgesamt doch früh zu einem Kompromiß, erkennbar auch daran, daß nicht nur den Quitzows, sondern auch den Bredows und Rochows nach den Kämpfen ihr Besitz zurückgegeben wurde. Einzelne große Adelsgeschlechter, die bis zum Ende der Monarchie in engem Einvernehmen mit den Hohenzollern gelebt und gedient haben, wurden schon im 15. Jahrhundert ganz auffällig protegiert. Dazu gehören die Alvensleben und die von der Schulenburg im Westen der Mark. Schon die ältere Adelsforschung hat zu Recht von einem „Kompromiß“ (Priebatsch) gesprochen, den die Hohenzollern im 15. und 16. Jahrhundert mit der Aristokratie des brandenburgischen Landesstaats geschlossen haben.

Betrachten wir diese Konstellation in ihrer Tiefendimension: Zwei grundsätzliche, miteinander konkurrierende Positionen mußten im 15. Jahrhundert noch ausgeglichen werden: der Herrschaftsanspruch der neuen Kurfürstendynastie auf den Primat auch im inneren Landesgefüge und dagegen das Selbstverständnis von großen, z. T. über eigene Hofhaltungen verfügenden Adelsfamilien, die lange vor den Hohenzollern im Lande ansässig geworden waren. Als die Mark als Nebengebiet landfremder Herrscher wenig Schutz und Hilfe von ihren Kurfürsten erfahren hatte, da waren diese Adelsgeschlechter daran gewöhnt worden, die Geschicke der Mark in die eigene Hand zu nehmen. Bisweilen hatten sie auf eigene Faust – fehdeführend! – das Land gegen feindliche Einfälle verteidigt. Wir wissen, daß einzelne Adelssprößlinge über eine vorzügliche Bildung verfügten und etwa an der Pariser Universität studiert hatten. Das Klischee vom stets beutegierigen Raubritter, der der allein Recht und Gesetz verbürgenden Hohenzollerndynastie unbelehrbar entgegengetreten sei – es verzerrt die Wirklichkeit des brandenburgischen Landesstaats im 15. Jahrhundert. Landesbrauch und Fürstenrecht, beide gut begründet, standen einander gegenüber, und diese Konstellation wirkte weit in die kommenden Jahrhunderte. Noch lange, etwa im 18. Jahrhundert, haben adlige Familien, im Konflikt mit den Amtsträgern des Fürsten, darauf hingewiesen, daß sie schließlich schon vor den fränkischen Hohenzollern im Brandenburgischen ansässig gewesen seien. Immer mußte die Herrscherdynastie bedenken, ja berechnen, mit welchen Landeskräften sie es zu tun haben würde – eine politische Konstante brandenburg-preußischer Geschichte für ein rundes Halbjahrtausend.

Im 15. Jahrhundert, einer Zeit noch ohne einheitliche „Staatsgewalt", haben aber nicht nur brandenburgische Adelsfamilien fehdeführend Politik getragen; brandenburgische Städte haben gleichfalls für ihre Interessen zum Instrument der Fehde gegriffen. Die vorsichtige Integrationspolitik der frühen brandenburgischen Hohenzollern mit dem Ziele, den brandenburgischen Landesstaat zu konsolidieren, konnte jedenfalls an den Städten nicht vorübergehen. Städtische Einungen, ihr Rückhalt an der Hanse begrenzten die Einwirkungsmöglichkeiten des Landesherrn. Zunächst haben die Hohenzollern zwar in städtische Konflikte interveniert, doch haben sie die Stadtrechte noch unangetastet gelassen. In den vierziger Jahren des 15. Jahrhunderts gewann dann die Konfrontation Kurfürst Friedrichs II. mit Berlin, das sich auch dem Schloßbau widersetzte, eine über den lokalen Fall hinausweisende Bedeutung, und zwar für die Struktur des Landes überhaupt. Auch hier war das Resultat mehr ein Vergleich zwischen Landesherrn und Stadt, freilich einer, der dann den weiteren Weg Berlins zu einer Residenz mit geminderter Lokalautonomie vorzeichnete. Dies entzog den brandenburgischen Städten fortan den politischen Rückhalt. Aber aus den fallweisen Eingriffen der Landesherren in städtische Konflikte darf nicht auf eine Beseitigung städtischer Autonomien per se geschlossen werden. Der Niedergang der Städte in den Jahren und Jahrzehnten um 1500 hatte insgesamt betrachtet nicht primär landesherrlich-politische, sondern europäisch-konjunkturelle Ursachen. Denn während die europäische Getreidekonjunktur, d. h. die tief nach Ostmitteleuropa hineinwirkende Nachfrage aus Nordwesteuropa, den sich entwickelnden adligen Gutsherrschaften etwa in der Mark Brandenburg zugute kam, verschoben sich gerade in dieser Zeit die Gewichte zuungunsten der Städte – wie übrigens auch im östlicheren Preußenland, wo freilich auch die Veränderung der Handelsströme im Hanseraum und die spätmittelalterliche Agrarkrise erhebliche Wirkungen zeitigten. Indem der getreidebauende Adel des Ostens vom Marktgefüge einer europäischen Arbeitsteilung kräftig profitierte, indem er für den überregionalen Markt – etwa für die prosperierende Städtelandschaft der Niederlande – produzierte, war er immer stärker daran interessiert, den Handel selbst in die Hand zu bekommen und den städtischen Zwischenhandel auszuschalten. Die Wirtschaftslage der Städte verschlechterte sich und damit auch ihre Stellung im landesstaatlichen Gefüge. Regionale Kräfteverhältnisse wurden justiert mit Wirkungen für eine lange Zukunft; gerade in der Konjunktur seit dem späten 15. und dann im 16. Jahrhundert gewann die ländliche Aristokratie auf Kosten der Städte, die auch auf gewerblichem Gebiet Terrain verloren und – von wenigen großen Kommunen abgesehen – einem Prozeß der „Rustikalisierung“ (Hans Rosenberg) unterlagen: in der Mark Brandenburg, in Pommern und ähnlich auch in

Preußen. Der Landesherr hat, auch weil er auf den Adel und seine Steuerkraft angewiesen war, diesen Prozeß nicht gehindert.

Die innere Territorialisierung und Konsolidierung der Landschaften am Rande Ostmitteleuropas prägte nachhaltig das Sozialgefüge und die politische Struktur in den späteren Staatsteilen Preußens. Indem der gutsbesitzende Adel nun seine Perspektiven darin sah, die eigenen Betriebe auszubauen, seine Stellung gegenüber den Bauern zu festigen und damit Effizienz und Exportquote zu steigern, mußte ihm natürlich daran gelegen sein, nicht in der näheren und weiteren Nachbarschaft durch Unfrieden in profitabler Zeit gestört zu werden. Die Herstellung und Sicherung des Landfriedens etwa in der Mark Brandenburg des späten 15. und des 16. Jahrhunderts kann also nicht einseitig als Resultat landesfürstlicher Disziplinierungsstrategie erklärt werden. Wenn seit dem frühen 16. Jahrhundert die Gewaltbereitschaft von Adelskreisen nachließ, so ist dies nicht primär auf die wenigen Fälle scharfen Zugreifens etwa unter Kurfürst Joachim I. (1499–1535) zurückzuführen. Die Friedensbrecher gehörten interessanterweise nicht zu den führenden, den vornehmen und mächtigen Adelsgeschlechtern im Lande. Die wohlhabenden und landbesitzenden Adelsgruppen arbeiteten nun mit dem Landesherrn aus hohenzollerschem Hause zusammen, um Ruhe und Sicherheit durchzusetzen. Konflikte wurden jetzt mit juristischen Mitteln zum Austrag gebracht. Territorialisierung und Verrechtlichung wurden im 16. Jahrhundert gemeinsam getragen von Landesfürst und Landadel.

Der in der europäischen Agrarkonjunktur gut verdienende Adel lebte in Symbiose mit der konsolidierten kurfürstlichen Landesherrschaft. Seit dem späteren 15. Jahrhundert sehen wir auch in der Mark Brandenburg, daß die Landeseliten sich fester zusammenschlossen. Prälaten, also der Klerus samt Herren und Grafen, kleinerer Adel und die unmittelbar unter dem Landesherrn stehenden Städte schufen sich eine eigene Organisation, d. h. soziale Gruppen, die nicht allein durch Besitz, sondern durch Geburtszugehörigkeit und Rechtsstand Zusammenhalt besaßen. Diese sozialen Stände schlossen sich in einem sich über das späte Mittelalter erstreckenden Prozeß zu Korporationen der Landstände zusammen, die auf Landtagen beraten und auch finanzielle Unterstützungen für den Kurfürsten bewilligen konnten. Seit den siebziger Jahren des 15. Jahrhunderts, als Albrecht Achilles für die neuerlichen Pommernkriege auf (Bier-)Steuern angewiesen war, nahm dieser Zusammenschluß der „Landschaft“ endgültig feste Formen an. Die Landtagsabschiede von 1472/1473 wurden für die folgenden Jahrhunderte zum Fundament des Steuerbewilligungsrechts der Stände. Im 16. Jahrhundert, bei wachsendem Finanzbedarf, nicht zuletzt für frühe höfische Repräsentanten und in der Reichspolitik, hat sich unter dem Kurfürsten Joachim II. (1535–1571) die landschaftliche Selbstorganisation der Landstände weiter entwickelt und gefestigt. Der Adel, der im 16. Jahrhundert seine Gutswirtschaften immer weiter ausbauen konnte, setzte im Rahmen der Landtags- und dann auch der landschaftlichen Kreditorganisation seine finanzielle Potenz in politischen Einfluß um, nicht zuletzt im Interesse einer weiteren Stärkung der lokalen Herrengewalt. Das Kreditwerk der Stände, ihre Ausschüsse und Kassen bestanden als Landesorgane von der Mitte des 16. bis weit in das 19. Jahrhundert.

Im Verhältnis von Landständen und Kurfürsten war in der Mark das „friedliche Miteinander von Fürst und Ständen“ die Regel (Schotte), nicht der laute Konflikt. Freilich befand sich der Landesherr gegenüber den Landständen schon im 16. Jahrhundert in der Vorhand. Der Adel war aber – das darf man nicht übersehen – an einem starken Fürstentum selbst interessiert (Priebatsch).

Wir haben damit wesentliche Grundlagen zunächst des brandenburgischen Landesstaates im 15. und 16. Jahrhundert kennengelernt. Seine Entstehung reicht also in das hohe und späte Mittelalter zurück, und sein spezifisches Strukturprofil verweist auf seine Lage am Rande Ostmitteleuropas. Die Reformation, in Brandenburg rezipiert seit der Mitte der 1530er Jahre, bedeutete einen weiteren Schritt zur Steigerung territorialer Geschlossenheit. Denn erst jetzt, im 16. Jahrhundert, wurden die Bistümer (Brandenburg, Havelberg, Lebus) in das politische Territorium fest integriert; bis dahin konnte zeitweise zweifelhaft sein, ob diese Hochstifte mit ihrem Territorialbesitz überhaupt unter dem Kurfürsten stünden. Diese Frage wurde zugunsten des Landesherrn endgültig erst im 16. Jahrhundert entschieden, wiewohl schon im 15. Jahrhundert das gute Verhältnis der Hohenzollern zur Kurie erste Voraussetzungen für das landesherrliche Kirchenregiment in den neuzeitlichen Jahrhunderten gelegt hatte (Privilegien von 1447).

Kurfürst Joachim I. hat lange Zeit im guten Einvernehmen mit dem Kaiser gelebt, eine Tradition, die im weiteren 16. Jahrhundert immer wieder aufgenommen wurde. Es war für Brandenburg eine friedliche, nicht immer auch eine stille Zeit, denn noch unter dem ersten der Joachime, der sich streng zum alten Glauben hielt, fanden reformatorische Strömungen Eingang in seinem Lande, sogar in der kurfürstlichen Familie und im Kreise der lokalen Amtsträger. Unter dem Landadel, der überdies begehrliche Augen auf das Kirchengut warf, gab es längst zahlreiche Anhänger Martin Luthers, und so war es recht eigentlich eine Rückkehr zum Landeskonsens, als Kurfürst Joachim II. im November 1539 eine – freilich alles andere als radikale – Variante des Protestantismus in seinem Herrschaftsraum einführte. Die Kirchenordnung von 1540 und deren praxisnahe Verbreitung in mehreren Visitationswellen markieren eine neue Komponente landesstaatlicher Territorialisierung im 16. Jahrhundert. Die im 16. Jahrhundert entstandenen Normen des kurbrandenburgischen Kirchenrechts und der Kirchenverfassung behielten Geltung über mehrere Jahrhunderte. Insofern entstanden im 16. Jahrhundert Landesstrukturen, die bis weit hinein in die Epoche preußischer Staatlichkeit Grundlagen schufen. Freilich, „modern" in ihrer Zeit waren die brandenburgischen Institutionen durchaus nicht. Die Kirchenorganisation, die miteinander eng verzahnte Hof- und Landesverwaltung, das alles hielt sich im (oder noch unter dem) Durchschnittsniveau der Zeit. Die Hof- und Landesverwaltung in der Mittelmark mutete gar eher rückständig an. Das hat die materielle Lage, schon diejenige Kurfürst Joachims II. oder die seines Sohnes und Nachfolgers Johann Georg, noch zusätzlich verschärft, bis hin zu extrem hoher Verschuldung. Um so wichtiger wurde die differenzierte Finanz-, d. h. die Steuerverwaltung, die in der Hand der Landstände lag.

Mutatis mutandis gilt das, was wir am Beispiel des brandenburgischen Landesstaates zu Beginn der Neuzeit betrachtet haben, auch für die anderen Regionen des späteren Gesamtstaates. Im alten „Preußen", das wir bisher als Land der Prußen, als Land des Ordens und als Land der Ostkolonisation kennengelernt haben, war aber auf den ersten Blick die Wirkung der Reformation eine deutlichere. Denn die Entstehung des weltlichen Landesstaates, d. h. des Herzogtums Preußen im Jahre 1525, war nun ganz eindeutig eine Auswirkung der neuen religiösen Strömung auf die politische Struktur. Gewiß befand sich der Deutsche Ritterorden seit langem in einer tiefen Krise. Daß daraus aber eine politische Option für einen zukünftigen preußisch-brandenburgischen Gesamtstaat erwachsen konnte, beruht zunächst auf einer glücklichen dynastischen Konstellation: Der Staat des Deutschen Ordens in Preußen war – wie geistliche „Staaten" überhaupt – ja ein Wahlfürstentum gewesen, eines, in dem nach dem Tode des Landesherrn der Nachfolger nicht durch Erbgang, sondern durch die Voten (hier:) der „Ordens-Regenten" bestimmt werden mußte. Auf einen Ordens-Hochmeister aus dem Hause Wettin war zur Jahreswende 1510/11 Albrecht von Brandenburg-Ansbach gefolgt, d. h. ein Sproß der älteren fränkischen Hohenzollern und Sohn einer polnischen Mutter, nämlich einer Tochter des polnischen Königs Kasimir V. Deutscher Kaiser und preußische Landstände hatten die Wahl Albrechts begrüßt. Dieser pflegte weiterhin zu seiner fränkischen Heimat intensiven Kontakt zu unterhalten, hatte sich in den frühen 1520er Jahren meist in Nürnberg aufgehalten, sich dort der Reformationsbewegung angenähert, ja er hat in Wittenberg Luther persönlich gesprochen. Der Reformator hatte angesichts evidenter Zerfallserscheinungen im Orden zur Säkularisation in Preußen geraten, und Albrecht, im Bestreben, die eigenläufigen Entwicklungen im Ordensland in der Hand zu behalten, ist diesem Ratschlag Luthers im Jahre 1525 gefolgt. Albrecht unterstellte sich nun mit dem säkularisierten Ordenspreußen als weltlichem Erbherzogtum dem polnischen König, dessen Lehnshoheit über Preußen anerkannt wurde. Der Belehnungsakt, in symbolischer Formensprache vollzogen, erfolgte auf dem Marktplatz von Krakau am 10. April 1525.

Nicht nur aus der Sicht des Ordens, der diesen Akt nicht anerkannte, handelte es sich dabei schlechterdings um einen „Staatsstreich in Preußen", um einen „Rechtsbruch", um die illegale Aneignung von Ordensgut. Dieses alles spricht für einen eher zäsurhaften Auftakt in der Geschichte Preußens als weltliches Fürstentum, ein Fürstentum einer Hohenzollernlinie. Freilich deutete schon in den Jahren vor 1525 doch vieles auf diesen Schritt hin, und die administrativen Strukturen im Lande wurden unter neuen Benennungen einfach weitergeführt, in „Kontinuität der Landesverfassung und Landesverwaltung" (Boockmann). Auch ganz im Osten besitzt die Reformation also den Charakter eines Faktors, der gewiß den Prozeß der landesstaatlichen „Verdichtung" förderte, der aber nicht allein für diese längerfristige Entwicklung steht. Mit dem Ereignis des Jahres 1525 wurde ein Traditionsstrang durchschnitten: derjenige der Ordenstradition, an die künftig nicht angeknüpft werden konnte, auch und gerade nicht in der Zeit der entstehenden preußischen Gesamtstaatsstrukturen um 1700. Spätere Rückführungen eines angeblichen „Preußentums" auf die hochmittelalterliche Ordensstaatlichkeit sind und bleiben luftige Konstruktionen ex post.

Im Herzogtum Preußen gewann der einheimische Adel eine neue und starke Position, zumal er sich bei Bedarf am polnischen König Rückhalt verschaffen konnte. Auch kräftigte das Vorbild des polnischen Adels das Selbstbewußtsein der preußischen Nobilität. Ihre politischen Vorrechte wurden im „Gnaden Privileg" und in der „Regiments Nottel" des Jahres 1542 kodifiziert. Im frühen 17. Jahrhundert haben die Landeseliten diese und andere Grundgesetze gesammelt und unter dem sprechenden Titel herausgegeben: „Privilegia Der Stände deß Hertzogthumbs Preussen / darauff das Landt fundiert vnd biß itzo beruhen". Hier im östlichen Preußen wurde die günstige Konstellation ebenso wie in Brandenburg vom Adel genutzt, um die bäuerliche Bevölkerung (an den Boden) zu binden und die Gutsherrschaften auszubauen. – Das alles sind Parallelitäten der preußischen wie der brandenburgischen Strukturbildung im 16. Jahrhundert, und Analoges gilt für Pommern. Die äußerst vorsichtige Einführung der Reformation, die sich auch ganz im

Osten nur sehr langsam von der katholischen Glaubenstradition löste, fügt sich gut in dieses Bild ein. Hier wie dort haben sich lange über die konfessionelle Schwellenzeit des 16. Jahrhunderts hinweg sogar vorchristliche Kulturschichten lebendig erhalten, Schichten der Volkskultur, in Ostpreußen deutlich in heidnisch-prußischen Begräbnisriten oder bei der Verehrung von Fruchtgöttern, in Restbeständen noch bis in die modernen Jahrhunderte.

Die Territorien, die im 17. Jahrhundert Teile eines Gesamtstaates zu werden begannen, hatten sich bis zum 16. Jahrhundert zu flächenhaften politischen Einheiten formiert. In ihnen bildeten Fürstentum und landschaftlich-ständische Korporationen zwei Brennpunkte, die, bei spannungsreichen Zwischenphasen, doch auf ein symbiotisches Miteinander angewiesen waren. Es handelte sich um „Landesstaaten“, geprägt von typisch alteuropäischen Traditionen.

PRIVILEGIA

Der Stände deß Hertzogthumbs Preussen/ darauff das Landt fundiert vnd biß itzo beruhen.

Auff verordnung der Herren Königlichen *Commissarien* nach innhalt deß *Anno 1612 Recesses* den Ständen in den Druck gefertiget.

Turpe est homini præsertim Nobili ignorare jus in quo ipse natus sit.

Cum Gratia & Priuilegio Sacræ Regiæ Mtis.

BRVNSBERGÆ,
Typis GEORGII Schonfels.
ANNO 1616.

Sammlung (ost)preußischer Ständeprivilegien, 1616 gedruckt außerhalb des Herzogtums

III. Gesamtstaat und Integration im 17. Jahrhundert

1. Hausstrategie und politische Optionen um 1600

Aus der Sicht des 20. Jahrhunderts schienen politische Gebilde wie der preußische Staat als „Zufallsbildungen rein dynastischer Hauspolitik" (Hugo Preuß, 1919). Und in der Tat muß neben dem Faktor struktureller Konstanten denjenigen dynastisch-politischer Entscheidungen ein angemessenes Gewicht eingeräumt werden. Freilich, dynastische Hauspolitik war nicht nur und nicht immer vom Zufall bestimmt, in ihr offenbaren sich gerade im Fall Brandenburg-Preußens strategische Optionen, die lange zuvor systematisch vorbereitet worden sind.

Wenn wir den dynastischen Faktor für die Genese des preußischen Staates bestimmen wollen, so dürfen wir ihn nicht auf das brandenburgische Kur- oder das preußische Herzogshaus reduzieren. Wenn auch im 16. Jahrhundert unter der Einwirkung der konfessionellen Spaltung die Distanz zum Stammhaus der katholischen Hohenzollern in Schwaben gewachsen war, so spielten die fränkischen Vettern gerade im Vorfeld des neuen, des 17. Jahrhunderts eine große und doch lange unterschätzte Rolle.

Nicht die brandenburgischen, sondern die fränkischen Hohenzollern haben im 16. Jahrhundert eine europäisch ausgeweitete, vor allem aber eine ostmitteleuropäische Hauspolitik initiiert (Jürgen Petersohn). Sie, und nicht die Brandenburger, waren es, die über Ansbach nach dem östlichen Preußen griffen. Auch in Böhmen, in Ungarn, auch in Schlesien gab es zu dieser Zeit ein fränkisch-hohenzollernsches Engagement; ein Sproß der Familie wirkte für ein Vierteljahrhundert als Erzbischof von Riga. Der fränkische Hohenzollernmarkgraf Georg Friedrich ist es gewesen, der dann um das Jahr 1600 über Preußen eine Strategie erbpolitischer Optionen einfädelte, die nun weit aus dem Osten weit in den Westen übergriff, wo sich weitere Aussichten eröffneten, in den reichen Gefilden des Niederrheins von Jülich und Kleve. Die älteren fränkischen Hohenzollern haben, kurz bevor sie mit Markgraf Georg Friedrich im Jahre 1603 ausstarben, diese Optionen auf hausgesetzlichem Wege (Vertrag von Gera 1598/99) an ihre – schon reichlich entfernten – brandenburgischen Verwandten weitergereicht.

Strategie und Zufall spielten zusammen. Dazu gehörte nun auch der Umstand, daß der preußische Herzogtumsgründer Albrecht mit seinem regierungsunfähigen Sohn Albrecht Friedrich (1553–1618) die Voraussetzungen verfehlte, die für eine längere politische Selbständigkeit des Landes zwischen Weichsel und Memel erforderlich gewesen wären. Die Vormundschaft war erst von den Franken geführt worden; nach dem Tode des Ansbacher Markgrafen fiel die Aufgabe an den brandenburgischen Kurfürsten, Joachim Friedrich (1546/1598–1608).

Dabei war im 16. Jahrhundert das Verhältnis von Brandenburg und Preußen zunächst einmal von einem distanzierten, ja anfangs sogar kühlen Nebeneinander bestimmt gewesen. Joachim I. hatte 1525 den Gedanken einer kurbrandenburgischen Mitbelehnung noch von sich gewiesen. Erst unter Joachim II. und nach der Öffnung Brandenburgs für die Reformation waren die Beziehungen zwischen Brandenburg und Preußen dann bessere geworden. In der Spätzeit dieses Kurfürsten, nämlich 1563/69, waren rechtliche Fäden gezogen worden, indem der Brandenburger für die Kurlinie zuletzt die „Mitbelehnung“ erhalten hatte, so daß nun neben den fränkischen Verwandten auch die kurbrandenburgischen Regenten erste Anrechte auf das ferne Preußen besaßen. Heiratsverbindungen traten sichernd hinzu. Im März des Jahres 1605 hat der polnische König Sigismund dem Kurfürsten die Vormundschaft über den kranken Preußenherzog übertragen, ein Akt, der sich nach dem Regierungsantritt Kurfürst Johann Sigismunds (1608–1619/20) noch einmal wiederholte. Insofern war der Weg bereitet, der nach dem Tode Albrecht Friedrichs im Jahre 1618 zur brandenburg-preußischen Länderunion führte. Aber nach wie vor bedurften die brandenburgischen Hohenzollern als Herzöge in Preußen der Belehnung durch den polnischen König, und die preußischen Landstände besaßen in diesem einen kräftigen Garanten ihrer Rechte.

Brandenburg erbte ebenso interessante wie problematische Aufgaben und politische Optionen, freilich ohne darauf in irgendeiner Weise vorbereitet zu sein. Mit Mühe konnte um 1600 noch verhindert werden, daß ausgerechnet in dieser Lage die Mark Brandenburg unter vier Söhnen Kurfürst Johann Georgs in aller Form aufgeteilt wurde. Der Vorgang zeigt aber zur Genüge, wie wenig strategisch-zielgerichtet die Politik der brandenburgischen Kurfürsten noch in einer Zeit angelegt war, in der die Weichen der Zukunft gestellt wurden. Am preußischen Objekt aber hingen nun noch ganz andere Chancen und Risiken. Denn wenn auch die Erben des letzten Preußenherzogs dessen Anrechte auf die Jülicher Erbfolge übernahmen, so geriet doch die brandenburgische Politik damit nicht nur in Konflikt mit gleich mehreren gefährlichen Konkurrenten, sondern zugleich mitten hinein in eine der unruhigsten Wetterecken Europas im Vorfeld des Dreißigjährigen Krieges. Denn mit dem Tode des letzten „einheimischen" Herzogs von Jülich-Kleve-Berg war nicht irgendein territoriales Erbe zu vergeben, sondern es ging um ein sowohl strategisches als auch um ein konfessionell-politisches Schlüsselgebiet in einem Raum, der seit Jahrzehnten besonders sensibel auf Veränderungen jedweder Art reagierte. Im Hintergrund stand der noch ungelöste spanisch-niederländische Konflikt, in dem die Rheinschiene als Nachschublinie wichtig war – wichtig für die katholisch-spanische Partei. Noch, um 1610, brach der große Konflikt nicht aus, noch war Zeit und Gelegenheit, daß Brandenburg und ein anderer Mitbewerber, der Pfalzgraf von Pfalz-Neuburg, erst im Dortmunder Rezeß von 1609, sodann im Vergleich von Xanten 1614, zuletzt unter englisch-französischer Vermittlung, das niederrheinische Erbe unter sich aufteilten, endgültig reguliert freilich erst im Jahre 1666.

2. Territorialstruktur und Dreißigjähriger Krieg

So trat im Jahre 1618 in die krisengeladene Phase des Dreißigjährigen Krieges eine gänzlich ungefestigte Ländergruppe ein, die auf eine solche Belastungsprobe in nichts vorbereitet war. Im Westen die Gebiete von Kleve, Mark und Ravensberg – sie wechselten in der Folgezeit mit der Besatzung verschiedener Kriegsparteien gleich mehrmals den unmittelbaren Besitzer –, in der Mitte die Mark Brandenburg, die sich mühte, hinter der zeittypischen Entwicklung nicht allzu sehr zurückzubleiben, und im Osten das polnische Lehensherzogtum Preußen, mit eigenen Traditionen und in gefährlicher Nähe zu schwedisch-polnischen Konfrontationen; das war die territorialpolitische Lage im zweiten Jahrzehnt des 17. Jahrhunderts.

Die zunächst einzige Gemeinsamkeit dieser Gebiete vom Niederrhein über Westfalen und Brandenburg bis nach Preußen war der gemeinsame Monarch, war das gemeinsame Herrscherhaus, nun der brandenburgischen Hohenzollern. Man spricht deshalb zu Recht vom Stadium einer Personalunion; denn gemeinsame Institutionen oder strukturelle Klammern gab es noch nicht. Erst langsam entstanden sie – unter dem politischen Druck, den die europäischen Mächtekonstellationen auf den brandenburg-preußischen Gesamtstaat ausübten. Darin tritt die staatsbildende Dialektik von außenpolitischer Lage und innerer, territorialstaatlicher Anpassung an die zur Selbstbehauptung notwendigen strukturellen Ausstattungen entgegen. Was andere Landesstaaten längst besaßen, wurde nun, 1604, auch in Kurbrandenburg geschaffen: ein „Geheimer Rat", und das, weil die neuen politischen Aufgaben ein solches oberstes Beratungsorgan gleichsam herbeizwangen. Der brandenburgische Geheime Rat sollte jedoch nur die außenpolitischen Materien des Gesamtstaates bearbeiten; eine gemeinsame Beratung, geschweige denn „Verwaltung" der verschiedenen Territorien des Kurfürsten-Herzogs war damit nicht verbunden. Nur brandenburgische Ländersachen wurden im Geheimen Rat verhandelt. Immerhin wies die Innovation des Jahres 1604 insofern in die Zukunft, als man in ihr die „erste offizielle Trennung zwischen Hof- und Staatsverwaltung" (Gerhard Oestreich) erkennen mag. Die Geheime Ratsstube lag freilich im Berliner Schloß, genauer: auf der Spreeinsel Cölln. Für die Administration des landesherrlichen Landes, d. h. der „Ämter“ sowie für erste industrielle, z. B. (Hammer-)Werke existierte auch in Brandenburg eine Amtskammer, für die Kirchen- und Schulsachen das „cöllnische Konsistorium“. In der Kurmark Brandenburg lebten in der Frühen Neuzeit ein gutes Drittel der Bauern auf den Ämtern (insbesondere Domänen), im östlichen Preußen wohl knappe 60 %.

Betrachtete man den brandenburgischen Landesstaat zu Beginn des 17. Jahrhunderts, so deutete noch nichts auf kommende Dinge. Seit wann, so ist zu fragen, ist nun der brandenburg-preußische Sonderweg erkennbar, wann und wodurch wurden die Weichen gestellt, die zum Verlassen des mitteldeutsch-territorialstaatlichen Durchschnittes führten, und das, ohne daß Bodenschätze oder besondere Fruchtbarkeit Anlaß zu günstigen Prognosen geboten hätten? Würde es überhaupt gelingen, die territorialen Außenposten auf Dauer zu halten; war nicht die Lage Brandenburgs durch die jüngsten Akquisitionen eher erschwert?

Schon die ältere, die „borussische“ Geschichtsschreibung hat die These verfochten, daß der Konfessionswechsel Kurfürst Johann Sigismunds im Jahre 1613, d. h. der Übertritt eines Teiles des brandenburgischen Hohenzollernhauses zum Kalvinismus, die entscheidende Weichenstellung hin zu politischer Aktivität und weg von lutherisch-territorialer Selbstgenügsamkeit gewesen sei (J. G. Droysen, 1870). Der unmittelbare politische Nutzen des Übertritts, den Johann Sigismund vollzog, hielt sich in Grenzen, jedenfalls schürte er im gemischtkonfessionellen Westen und im lutherischen Osten die antikalvinistische Landesopposition. Nach den Gesetzen des Heiligen Römischen Reiches stand dem Landesherrn ein Reformationsrecht, das ihm eine Handhabe im Sinne des neuen Glaubens geboten hätte, (noch) nicht zu; in Brandenburg trugen Landstände und Landgeistlichkeit noch lange den Widerstand aus lutherischer Landestradition. Das alles spricht dagegen, etwa um 1613/14 Anfänge der „preußischen Toleranz“ entdecken zu wollen (mit U. Stutz), ganz abgesehen davon, daß unter späteren Regenten die kräftige Protektion des Kalvinismus durchaus intolerante Züge angenommen hat. Eine „zweite Reformation" hat es gerade in Brandenburg-Preußen nicht gegeben. Selbst auf Dörfern und in Städten, wo dem Kurfürsten das Kirchen- und Schulpatronat zustand, durfte er – dank des Widerstandes der Landstände – keine Pfarrer eigener Glaubensrichtung „aufdrängen", und er hat es auch nicht getan. So blieb der Kalvinismus in Brandenburg-Preußen nie sehr viel mehr als eine „elitäre Minderheitenreligion der Dynastie" (Rudersdorf/Schindling). Die kleine reformierte Minorität unter dem preußischen Adel wirkte dann allerdings in besonderem Maße im Interesse der Dynastie.

Gerade der legendenhaft verklärte Johann Sigismund war alles andere als ein politisches Talent, und seine Gemahlin, die preußische Herzogstochter Anna, die stets als Trägerin des preußischen Erbes eine sehr selbständige Größe brandenburgischer Politik gewesen ist, hat vom lutherischen Bekenntnis nie abgelassen. Johann Sigismund war alles andere als ein politisch-aktivistischer Asket, vielmehr auffallend gespenstergläubig und dem Genuß zugewandt, nicht allein dem Trunk. Hinzu kam „geistige Schwerfälligkeit und Unlust zu den Geschäften" (Otto Hintze). Nur spätere, teleologische Konstruktionen machten ihn zum Wegbereiter der preußischen Zukunft.

Gerade unter Johann Sigismund haben auch die kurmärkischen Landstände, die das Recht zur Bewilligung der – jeweils eng befristeten – Steuern in Händen hielten, ihre Position noch auszubauen vermocht; die kurfürstlichen Eigenmittel reichten kaum zum notdürftigen Unterhalt des Hofes. Der Schuldenstand war 1618 schlechterdings enorm. Das Lehnsaufgebot, vor allem die Roßdienste, boten wie vor Zeiten den Rückhalt der Landesdefension, wenn sie denn bei Bedarf aufgerufen wurden. Das Fußvolk der Städte trat gegebenenfalls hinzu. In der ganzen Mark wurden um 1600 1073 Lehnspferde gezählt. Und so verfügte jedes der Territorien, über die etwa Johann Sigismund gebot, über eine höchst individuelle Wehrorganisation, milizförmig aufgestellt nur im Falle äußerster Notwendigkeit. Die Landstände waren stets gegen alle kriegerischen Risiken aufgetreten, hatten sie doch im Ernstfall alle Lasten zu tragen. Bewilligten sie aber die Gelder, so verlangten sie ein Vorschlagsrecht für die anzustellenden Offiziere. So sprachen sie dann, wenn auf Zeit Söldner geworben und einige wenige Regimenter aufgestellt wurden, von „der Stände eigene Truppen" (1635/39). Eine leichte Modernisierung der territorialen Defension haben die brandenburgischen Landstände im Vorfeld des Großen Krieges verhindert. Auch in Preußen hat das Defensionswerk aus Bauernaufgebot (Wibranzen) und (Lehns-)Pflichtigen im Dreißigjährigen Krieg versagt. Der Kurfürst selbst verfügte nur über eine kleine, schon blaugekleidete Leibgarde und etwas Festungstruppen.

Der Dreißigjährige Krieg stellt eine formative Zäsurphase für die Ausbildung des brandenburg-preußischen Gesamtstaates dar. Freilich, wenn nach einer präziseren Chronologie, nach einem Epochendatum gefragt wird, so wird man nicht an das Jahr 1618, sondern eher an 1626 denken müssen, als der Krieg sowohl Brandenburg als auch Preußen tatsächlich erreichte. Im östlichen Preußen begann nun das Jahrzehnt, in dem Schweden das Weichseldelta besetzte, freilich auch weit bis nach Memel ausgriff. Dem hatte der neue Herzog, Kurfürst Georg Wilhelm, im Osten nichts Brauchbares entgegenzusetzen; auch nach Abschluß eines Waffenstillstandes mit dem übermächtigen Schwedenkönig Gustav Adolf wurde die östlichste Expositur des jungen Gesamtstaates ausgeplündert. Erst nach dem Waffenstillstand, der 1635 zu Stuhmsdorf zwischen Schweden und Polen, und zwar mit französischer Vermittlung, geschlossen worden war, begann in Preußen mitten im großen mitteleuropäischen Krieg eine gute Zeit.

Im selben Jahr wie (Ost-)Preußen wurde 1626 also die Mark Brandenburg, und zwar vom Westen her, zum unmittelbaren Kriegsgebiet, erst durch den Einmarsch dänischer, dann kaiserlich-wallensteinischer Truppen. In den 1630er Jahren hatte die Mark schwer zu leiden, besonders unter den Schweden, zumal nach der blutigen Schlacht bei Wittstock im Oktober 1636.

Das alles schuf für Brandenburg-Preußen eine Lage gleich mehrfacher Überlast. Kurfürst Georg Wilhelm (1619–1640) war zudem auch als Herrscherperson mitnichten der militärische Heros, als der er sich auf dem zeitgenössischen Bild gern darstellen ließ. Politisch wie körperlich schwach, war er schon gar nicht der Träger einer kalvinistischen Praxis aktivistischer Staatspolitik. Zunächst suchte er die Lage zu meistern mit dem verzweifelten Versuch brandenburgischer Neutralität im Schatten des Krieges.

Wenn gleichwohl unter seiner Regierung signifikante Prozesse struktureller Umbildungen, die schon sehr deutlich in die Zukunft weisen, zu beobachten sind, so beweist dies, daß wir die Entstehung Preußens nicht allein aus Entscheidungen und dem Wirken der führenden Dynasten erklären und ableiten dürfen, sondern aus dem europäischen Druck, der auf dem brandenburg-preußischen Gesamtstaat jetzt lastete. Jenseits aller politischen und kriegsgeschichtlichen Details ist dieser Befund das Bedeutsame. Daß über wichtige Phasen der Jahre bis 1640 unter dem hohenzollernschen Kalvinisten der Katholik Schwarzenberg eine – erstaunlich moderne – Strukturpolitik betrieb, kommt hinzu und verscheucht die mythischen und konfessionsfixierten Klischees.

Jedenfalls ist gerade das (ganz „undynastische") Jahr 1626 zunächst einmal wichtig für die Finanzgeschichte, insofern seit diesem Jahr hohe direkte Steuern unter dem Namen „Kontribution" erhoben worden sind, anfangs festgesetzt von fremden Truppen, dann aber übernommen und auf Dauer gestellt vom brandenburgischen Kurfürsten. Die Kontribution, deren martialische Benennung auf den kriegerischen Ursprung verweist, wurde fortan zur wichtigsten ländlichen Steuer bis in das frühe 19. Jahrhundert. Die Einhebung dieser Abgabe geschah zunächst durch ständische Offizianten; für die Verwaltung der (direkten) Steuern wurden zunehmend Kriegskommissare verantwortlich. Auch für ihre Genese ist die Zeit der Jahre 1626/27 von spezifischer Bedeutung, wohl auch schwedische Vorbilder. Zunächst in den Kreisen und Teillandschaften der Mark Brandenburg eingesetzt, entwickelten sich diese Amtsträger in den folgenden Jahren und Jahrzehnten zu einer besonderen Hierarchie.

Anfangs und noch sehr lange, bis in das 18. Jahrhundert hinein, standen diese Kriegs-Kommissare in einer doppelten Loyalität: gegenüber dem Landesherrn und gegenüber den adligen (Kreis-) Ständen, aus deren Reihen man sie gerne rekrutierte. Teils den Truppen (zumal bei Märschen) beigegeben oder auch für einen Distrikt zuständig, hatten sie für die Soldaten zu sorgen, auch für die ja zu deren Unterhalt erhobenen Steuern. In Brandenburg-Preußen haben sich die Kriegskommissare aber in spezifischer Weise entwikkelt, nämlich zu der entscheidenden Amtsträgerhierarchie des zukünftigen Militär-, Fiskal- und Merkantilapparates. Sie haben in Preußen nicht nur die Finanzierung und Versorgung der Truppen gewährleisten müssen. Die Kommissare haben sehr bald die Pflege der Steuerquellen selbst als wesentliche Aufgabe wahrgenommen und sich deshalb um die innere Landesverwaltung und die Wirtschaftspolitik im weiteren Sinne gekümmert. Anfangs wurden sie auf kurze Fristen ernannt. In der zweiten Hälfte des 17. Jahrhunderts entstand eine permanente, dreistufige Kommissariats-Hierarchie, mit der der Monarch nun direkt ins Land greifen konnte und dabei nicht mehr auf die Amtsträger der Landstände angewiesen war. Diese weit in die Zeiten des Absolutismus vorausweisende Entwicklung hat ihre frühen (bisweilen unscheinbaren) Wurzeln in denjenigen Jahren, in denen der große Krieg den brandenburg-preußischen Gesamtstaat erreichte, ja erfaßte – eben seit 1626/27.

In den Krisen und Kriegen der zweiten Jahrhunderthälfte, vor allem im ersten Nordischen Krieg der zweiten Hälfte der 1650er Jahre, ist der strukturprägende Staatsbildungsdruck in der Fortentwicklung der Kommissariatsorganisation des weiteren zu studieren, nun vor allem im Herzogtum Preußen, wo seit 1656 in diesem Zusammenhang eine besondere „preußische Kriegskanzlei“ entstand. Seit 1655 gab es dann ein permanentes Generalkriegskommissariat als hierarchisch-gesamtstaatliche Spitze. Aber Vorläufer dieser späteren Entwicklung existierten lange vor dem Großen Kurfürsten, es gab sie unter dem schwachen Kurfürsten-Herzog Georg Wilhelm, und nicht ein Kalvinist, sondern der Katholik Graf Adam zu Schwarzenberg hat diese Entwicklung in einem frühen Stadium getragen. Er hat – auf Zeit – die Position der brandenburgischen Landstände

minimiert, hat die tradierten Ratsinstitutionen überspielt und seine Macht auf eine neue, militärische Regierungsstelle gestützt: den brandenburgischen Kriegsrat. Dieser hat in den 1630er Jahren nun auch Kontributionen ausgeschrieben, ohne daß die Stände befragt worden seien. Unter dem Kriegsrat, der bis 1641 existierte, standen auch die frühen Kriegskommissare. Der schwedische Druck, unter dem Kurbrandenburg in der zweiten Hälfte der Dreißiger Jahre stand, zeitigte in der Regierungszeit eines denkbar schwachen Monarchen bereits Ergebnisse, die eben nicht erst unter dem Großen Kurfürsten in der zweiten Hälfte des 17. Jahrhunderts und dann unter den Hochabsolutisten des 18. Jahrhunderts typisch geworden sind: eine Verschiebung der politischen Territorialstrukturen hin zu einer latenten Dominanz der neuen Militärverwaltung. Sie war das Resultat des europäischen Staatsbildungsdruckes, der schon vor 1640 auf Brandenburg-Preußen lastete.

3. Regionalistische Integration: Der Gesamtstaat des Großen Kurfürsten und Friedrichs III./I.

Die strukturelle – sagen wir – Modernisierung verlief zur Mitte des 17. Jahrhunderts nicht staatseinheitlich in allen Territorien des Kurfürsten-Herzogs gleichzeitig und gleichförmig ab, sondern in starker regionalistischer Differenzierung. Der Kriegsrat war – um nur dieses Beispiel zu geben – ja bei aller Modernität eine ausschließlich brandenburgische Institution. Die Entwicklung verlief auch durchaus nicht linear, sie erfuhr Reversionen, und ausgerechnet unter dem Kurfürsten Friedrich Wilhelm (1640–1688) sind solche bei Regierungsbeginn eingetreten. Er hat nicht etwa direkt an die Prozesse der späten Schwarzenberg-Zeit angeknüpft. Dabei hatte der junge Monarch in seiner Kurprinzenzeit, etwa durch eine längere Studienreise in die Niederlande, durchaus weitere Perspektiven gewinnen können, wenn er auch, wie er klagte, unter seinem Vater nicht in die Interna der brandenburg-preußischen Politik eingearbeitet worden ist.

Durch die Resultate des Westfälischen Friedens wurde der Gesamtstaat des Großen Kurfürsten zunächst einmal noch regionalistischer. Denn Kurbrandenburg gehörte zu den großen territorialen Gewinnern des Kongresses von Münster und Osnabrück. Mitten im Kriege, im Jahre 1637, war das im Nordosten benachbarte pommersche Herzogshaus ausgestorben. Damit hätten ältere brandenburgische Erbrechte in Kraft treten müssen, doch hatten die Schweden diese Küstenregion seit Jahren fest im Griff. Die Frage war nun, welcher Teil von Pommern bei einem europäischen Friedensschluß an Brandenburg(-Preußen) fallen solle und welche Kompensationen der Kurfürst für den schwedisch bleibenden Teil würde erlangen können. Friedrich Wilhelms Forderungen waren exorbitant, sieben Erzstiftsgebiete und Bistumsländer, dazu kurkölnisches und jülichsches Gebiet, das alles unter der Voraussetzung, daß der gesamte Oderlauf (mit Stettin) an Brandenburg käme. Das, was Friedrich Wilhelm dann 1648 realisierte, war natürlich ein gutes Stück entfernt von maximalistischen Illusionen, und doch war es von großem – gleichwohl in Brandenburg wohl unterschätztem – Wert. Dafür, daß nur der größere, aber gerade um die strategisch und ökonomisch wertvolle Odermündung reduzierte Teil Hinterpommerns gesichert werden konnte, erhielt Friedrich Wilhelm sogleich die vormaligen Bistumsgebiete von Halberstadt und Minden, dazu das mittelelbische Schlüsselland des Erzbistums Magdeburg nach dem Tode des freilich recht gesunden derzeitigen Administrators. Diese Anwartschaft ist vollständig erst 1680 realisiert worden; aus dem Erzstift wurde das Herzogtum Magdeburg unter dem brandenburgischen Fürsten als Landesherrn. Es handelte sich jeweils um das früher von den (Erz-)Bischöfen als Landesherrn regierte Stiftsgebiet. Auf konfessionspolitischem Felde erreichte die kurbrandenburgische Politik 1648, daß nunmehr die Kalvinisten den Lutheranern im Heiligen Römischen Reich gleichgestellt wurden.

Dadurch wurden, wie der Kurfürst in den sechziger Jahren erfahren mußte, die inneren Widerstände gegen jede Form kalvinistischer Offensiven nicht gebrochen; kalvinistische Siedler, z. B. aus den Niederlanden nach 1648 ins Land geholt, fanden sich in feindlicher Umgebung wieder und bedurften des militanten Schutzes der hohenzollernschen Obrigkeit, die zu diesem Zwecke gar die junge Armee einsetzte, denn die Siedler, die aus dem Ausland kamen, galten ja als „staatstragendes“ (Oestreich) Element. Auch nach der Einwanderung französisch-reformierter Gruppen, nicht erst seit 1685, nach dem Edikt von Potsdam, blieben doch die Kalvinisten eine kleine Minorität in lutherischer Umgebung; nur ganz im Westen kam ihnen im gemischt-konfessionellen Umfeld mehr als eine marginale Bedeutung zu. Nicht nur in Pommern wurden Reformierte vom Herzog-Kurfürsten für gehobene Amtsträgerstellen protegiert, um den Spielraum der indigenen Eliten, der Stände zumal, zu vermindern. Aber selbst in der Mark Brandenburg sah sich der Kurfürst gezwungen, auf konfessionellem Gebiet vor den Landständen zurückzuweichen, auch noch um 1670. Die brandenburgischen Stände haben sich bei ihrem Kampf um die alte lutherische Landeskonfession auf die Freiheiten berufen, die der Westfälische Frieden in Glaubenssachen auch ihnen gewährte.

Der Westfälische Frieden, der dem Kurfürsten einen derartigen Landesgewinn zusprach, daß die Gebiete der brandenburgischen Hohenzollern, von der Größe her betrachtet, „auf den zweiten Platz im Reiche hinter den Habsburgern vorgerückt" waren (E. Opgenoorth), hatte zugleich den Untertanen und Landständen der neuen Hohenzollernakquisitionen ihre alten Landesrechte und Privilegien garantiert. Diese reichsgrundgesetzlichen Bestimmungen stabilisierten einen politischen Regionalismus, der zu den Basiskonstanten preußischer Staatlichkeit in der Frühen Neuzeit gehört.

Dieser Regionalismus war nicht auf die besonderen Herrschafts- und Verwaltungstraditionen, auf Ständeprivilegien und landschaftlich verschiedene Kirchenordnungen beschränkt. Er griff noch sehr viel tiefer, bis weit in den Lebensalltag der Menschen hinein. Besonders die ländlichen Besitz- und Sozialstrukturen waren alles andere als staatseinheitlich reguliert. Sie wurzelten in teils geschriebenen, teils in landschaftlichen Gewohnheitsrechten, nicht einmal einheitlich etwa in der Mark Brandenburg. Nicht nur in den Regionen Brandenburg-Preußens zeitigten die Wirkungen des Dreißigjährigen Krieges erhebliche Folgen für die ländliche Sozialordnung, aber in den brandenburg-preußischen Ländern östlich der Elbe waren diese Wirkungen besonders markant. Pommern gehörte zu denjenigen Gebieten Mitteleuropas, die im Dreißigjährigen Krieg besonders hohe Menschenverluste hatten hinnehmen müssen, nämlich deutlich über 50 %. Sehr viel geringer dürften die Verluste im Brandenburgischen nicht gewesen sein. Im östlichen Preußen hat dann etwas später der Schwedeneinfall von 1655/56 und der folgende Tatarensturm zur Verödung ganzer Landstriche beigetragen. Die Folgen waren zum einen die Erschütterung der ländlichen Sozialdisziplin, regional auch eine Labilisierung christlicher Glaubenswelten und eine Revitalisierung von volksreligiösen Traditionsschichten. Den Gutsherren war sehr daran gelegen, die Gutsherrschaft und die ländliche Herrschaftswelt überhaupt zu stabilisieren. Die Bevölkerungsverluste mußten zudem die Tendenz verstärken, die verbliebenen Arbeitskräfte auf dem Land zu binden, d. h. die Untertänigkeitsverhältnisse weiter zu verschärfen und vor allem wüstgefallenes Bauernland zum Herrenhof zu schlagen. Insofern beschleunigten die großen Kriege zur Mitte des 17. Jahrhunderts die Ausbildung gutsherrschaftlicher Strukturen, freilich in deutlich landschaftlicher Differenzierung (Hartmut Harnisch). Damit kam ein Prozeß zum vorläufigen Abschluß, der im „langen 16. Jahrhundert" begonnen hatte und dessen strukturelle Voraussetzungen in der Forschung sehr kontrovers diskutiert werden.

Schon die Zahl der Tage, die die Bauern auf dem Herrenland zu dienen hatten, war landschaftlich sehr verschieden; seit dem späten 16. Jahrhundert hatten die ländlichen Herrschaften, adlige Gutsbesitzer, seltener bürgerliche, ferner die fürstlichen Domänenämter diese Diensttage zu steigern gesucht. Der Adel war für die Ritterhufen selbst in der Regel steuerfrei gestellt, hatte freilich für Ausfälle, die bei seinen Hintersassen eintraten, einzustehen. Sowohl auf adligem Gutsland als auch auf den Domänen unterlagen die Untertanenkinder dem Gesindezwangsdienst, d. h. sie mußten eine Anzahl von Jahren für die Herrschaft dienen. Die Gutsherrschaft war also durch ausgeprägte Dienstpflichten der Untertanen, ferner durch die starke Herrengewalt (gutsherrschaftliche Polizei, Patrimonialjustiz) gekennzeichnet, d. h. durch außerökonomische Zwangsgewalt. Die starken landschaftlichen Differenzierungen auch innerhalb der bis weit nach Ostmitteleuropa hineinreichenden gutsherrschaftlich geprägten Räume werden deutlich, wenn danach gefragt wird, wo – etwa in den mittleren Staatsgebieten – von „Leibeigenschaft" die Rede ist. Dieser Begriff darf freilich nicht im Sinne einer persönlichen Rechtlosigkeit mißverstanden werden. Auch da, wo in Brandenburg-Preußen Leibeigenschaft im strengeren Sinne im 17. und 18. Jahrhundert existiert hat, blieben die Betroffenen vermögens- und rechtsfähig. Das wesentliche Merkmal gutsbäuerlicher Existenz im Osten allgemein war die Schollenbindung, die Untertanen durften also die Gutsherrschaft nicht ohne weiteres verlassen. Der förmliche „Handel" mit bäuerlichen Untertanen, gleichsam vom Boden, von der Scholle weg, wie er in Osteuropa möglich war, blieb in den Landschaften Brandenburg-Preußens die Ausnahme bzw. wurde landesherrlicherseits verfolgt, so daß etwa das brandenburgische Kammergericht traditionell bauernfreundlich judizierte. In Ostpreußen ist es im frühen 18. Jahrhundert vorgekommen, daß Untertanenfamilien von einem Gutsherrn einem anderen „geschenkt“ wurden. In Pommern war die Lage der Bauern besonders ungünstig. Leibeigenschaft, auf Adels- und auf Domänenland, meinte im Sprachgebrauch der Zeit für die Mark Brandenburg ein schlechtes bäuerliches Besitzrecht, hohe (Dienst-) Lasten, es bedeutete, daß der Hof allein mit Genehmigung des Herrn verlassen werden durfte. Die für den Loskauf – nur mit Genehmigung des Herrn – üblichen Gelder waren freilich mäßig. In der Mark Brandenburg hat es diese „Leibeigenschaft“ nur in Teillandschaften gegeben, und ihre Verbreitung verweist auf größere, ostmitteleuropäische Regionenzusammenhänge. Um 1700 verlor die Leibeigenschaft in der ländlichen Praxis bereits ihren schroffen Charakter.

Schon in der Altmark, d. h. westlich der Elbe, gab es keine Leibeigenschaft, vielmehr Gutsherrschaften mit z. T. freien Bauern; in den Neuerwerbungen im mitteldeutschen Elberaum dominierten nicht guts- sondern grundherrschaftliche Strukturen mit schwächerer Herrenstellung, geringeren Fronpflichten und besseren Rechten der Bauern. Insofern verstärkte sich in Folge des Dreißigjährigen Krieges der strukturelle Dualismus in den Regionen des brandenburg-preußischen Gesamtstaates.

Die Landstände haben auch seit der Mitte des 17. Jahrhunderts in der Sicherung des Landesrechts, d. h. des Rechts ihres Landes, eine ganz wesentliche Aufgabe gesehen. Sie waren die Hauptträger des politischen Regionalismus, der im 17. Jahrhundert durchaus nicht gebrochen worden ist. Kontakte zwischen den Landständen verschiedener Länder der Hohenzollern waren sehr selten. Durch die Konzentration auf die landschaftlichen Interessen, die die (lutherische) Kirchentradition ganz wesentlich einschlossen, gerieten außenpolitische Themen nie ganz aus dem Blick, aber sie standen doch selten – wie etwa in Brandenburg um 1600 – an vorderer Stelle. Indem die hochpolitischen Materien ein (weitgehendes) Reservatum des Kurfürsten-Herzogs blieben, waren regionalistische Autonomie und Staatsintegration zwei kompatible Prinzipien.

Zudem war Friedrich Wilhelm alles andere als ein prinzipieller „Absolutist". Deshalb hat er auch und gerade im Verhältnis zu den Landständen nach 1640 die Politik eines Schwarzenbergs eben nicht fortgesetzt. Zunächst war also der Spielraum der Landstände wieder gewachsen, und erst zehn Jahre später ist es zu Spannungen gekommen, auch weil der Kurfürst in den friedlicheren Jahren gleich nach Münster und Osnabrück die begehrlichen Augen auf die ihm vorenthaltenen Teile des Pommernerbes gerichtet hielt sowie auf das Jülicher Land. Spannungen entstanden dann, wenn er an die Landeseliten mit starken Geldforderungen herantrat, die für Rüstungen bestimmt waren. Das Steuerbewilligungsrecht der brandenburgischen Landstände wurde also zunächst wieder anerkannt, aber Spannungen ergaben sich aus außenpolitischen Notwendigkeiten und auch aus der Erfahrung, aus der Erinnerung an die Lage, in der sich die Länder im Dreißigjährigen Krieg befunden hatten: „Daß noch unvergessen, in was elendem Zustande diese Lande in annis 1637, 38, 39 und 40 sich befunden, also gar, daß ohn Entsetzen und Grauen bald nicht daran zu gedenken stünde." So hat der Kurfürst 1652 seine Forderung nach Bewilligungen zum Zwecke militärischer Rüstungen motiviert, zumal er nicht sicher war, ohne diese Maßnahmen seine Länder vor fremdem Zugriff bewahren zu können. Im Sommer des Folgejahres haben die brandenburgischen Stände für sechs Jahre eine kräftige Bewilligung ausgesprochen; der Adel hat sich dafür u. a. Rechte gegenüber den „Pauern" zusagen lassen, die gerade in punkto „Leibeigenschaft" über das bisher übliche deutlich hinausgingen.

Friedrich Wilhelm schrieb freilich in der zweiten Hälfte der 1650er Jahre, in der Zeit des ersten Nordischen Krieges, über die Bewilligungssumme hinaus Steuern aus, und doch war damit das Bewilligungsrecht der Stände nicht etwa ein für alle mal beseitigt. Brandenburgische Plenarlandtage hat es – sehen wir vom Anlaß der Huldigungslandtage bei Herrscherwechseln ab – zwar nicht mehr gegeben, doch waren sie ja schon vor 1652 selten geworden. Der Trend ging ohnedies zu praktischeren Ausschußtagen, die auch weiterhin mit Steuerfragen befaßt worden sind. In den sechziger Jahren wurde ein monatlicher Sockelbetrag ohne zeitliche Begrenzung von den Landständen bewilligt, und damit verloren sie einen Teil ihres Gewichts, doch sind über den Basisbetrag hinausgehende Steuerlasten auch noch in den 1690er und in späteren Jahren – nach Aussage der Ständeakten – zu bewilligen gewesen und nicht einfach vom Kurfürsten eingezogen worden.

In Brandenburg und auch in Pommern wurde im Verhältnis von Fürst und Ständen ein neuer modus vivendi gefunden, deutlich ablesbar daran, daß laute Klagen über das Militär im späteren 17. Jahrhundert seltener wurden. Die Gewichte verschoben sich, aber die vom Adel dominierten Landstände blieben an sich intakt, ein Organismus, der im regionalistischen Staatsgefüge das aristokratische Strukturelement auf korporativer Basis fest verankerte. In Pommern haben die Stände nach der Regierungsübernahme durch den Brandenburger ihre Rechte sogar noch erweitern können (Gerd Heinrich), sie wirkten bei der Bestellung von Amtsträgern in ihrem Lande kräftig mit. Die ständische „Landstube" in Stargard blieb auch in Zukunft bestehen.

Von diesem Verlaufstypus unterschieden sich nun die Stände- und Adelslandschaften ganz im Osten und im äußersten Westen des brandenburg-preußischen Gesamtstaates. Aber nach den neueren Forschungen darf man den typologischen Unterschied zu den mittleren Gebieten nicht mehr überzeichnen. Daß es immerhin temporär zu erheblichen Kollisionen kam, erklärt sich daraus, daß sowohl Kleve als auch Preußen in je besondere europäische Regionenzusammenhänge integriert waren. Die Politik des Kurfürsten ging nun darauf hinaus, seine Außen-Länder aus diesen großregionalen Bezügen (ein Stück weit) herauszulösen. Im Westen lagen seine Gebiete im Gravitationsfeld der Vereinigten Niederlande. Dahin besaßen auch die Hohenzollern bereits seit zwei Generationen Familienverbindungen; nachdem der mit Priorität verfolgte Plan einer Eheverbindung mit Schweden gescheitert war, frischte Friedrich Wilhelm mit seiner Heirat der Luise-Henriette von Nassau-Oranien die niederländischen Kontakte auf. Dies hat ihm freilich im Jahre 1651, als er impulsiv und wenig überlegt mit Gewalt nach Jülich zu greifen versuchte, auch nicht zum Erfolg verholfen. Der

Schlag hatte für ihn zugleich das Ziel, die klevischen Stände zu Steuerzahlungen zu zwingen. Die Stände von Kleve, Mark, Jülich und Berg stellten sich jedoch gegen Friedrich Wilhelm. Die Verhaftung des Ständevertreters Wilich von Winnenthal (1654) markiert den dramatischen Höhepunkt des temporären Ständekonflikts im Westen. Nach dem ersten Nordischen Krieg seit 1655 und der Eintreibung unbewilligter Steuern kam es im Westen 1660/61 zu einem modus vivendi, der das Indignatsrecht, d. h. das Recht auf die Besetzung von Amtsträgerstellen nur mit Einheimischen, und das Steuerbewillungsrecht doch bestätigte, die Befugnis der Stände zu eigenen auswärtigen Kontakten aber beseitigte (1666). Danach haben die Stände die Hohenzollern in wachsendem Maße unterstützt. Es war dann Friedrich Wilhelm, der in den achtziger Jahren gegenüber seinen eigenen Amtsträgern auf die Wahrung des Steuerbewilligungsrechts drängte, wie später auch Friedrich III. Bis 1805 hat es im Westen Landtage gegeben.

Die Konflikte ganz im Osten in den 1660er Jahren sind nur zu verstehen im Zusammenhang mit dem ersten Nordischen Krieg, hervorgegangen seit 1654 aus der schwedisch-polnischen Konfrontation. Schon 1655 war unter den Geheimen Räten des Kurfürsten der Plan entwickelt worden, diese Konstellation in Ostmitteleuropa dazu zu nutzen, die alte polnische Lehnshoheit über das Herzogtum Preußen zu beseitigen. Diese Perspektiven standen hinter dem brandenburgischen Engagement im Osten, manifest etwa in der Teilnahme von knapp 9000 brandenburgischen Soldaten an der dreitägigen Schlacht von Warschau Ende Juli 1656. In einem für die politische Taktik des Kurfürsten typisch raschen Wechsel der Koalitionen hat er sich erst von Schweden die Souveränität über Preußen zusichern lassen (Labiau, 10./20. Nov. 1656), im September 1657 dann auch von der polnischen Seite (Wehlau, 19. September 1657, Bromberg, 6. November 1657). Die männliche Kurfürstenlinie der Hohenzollern sollte in Preußen fortan herrschen „iure supremi atque absoluta potestate“. Freilich lebten polnische Rechtstitel im Falle eines Aussterbens dieses Hohenzollernzweiges wieder auf. Im Vertrag von Oliva (3. Mai 1660) wurde diese – der Terminus ist gleichwohl problematisch! – Souveränität bestätigt. Da-

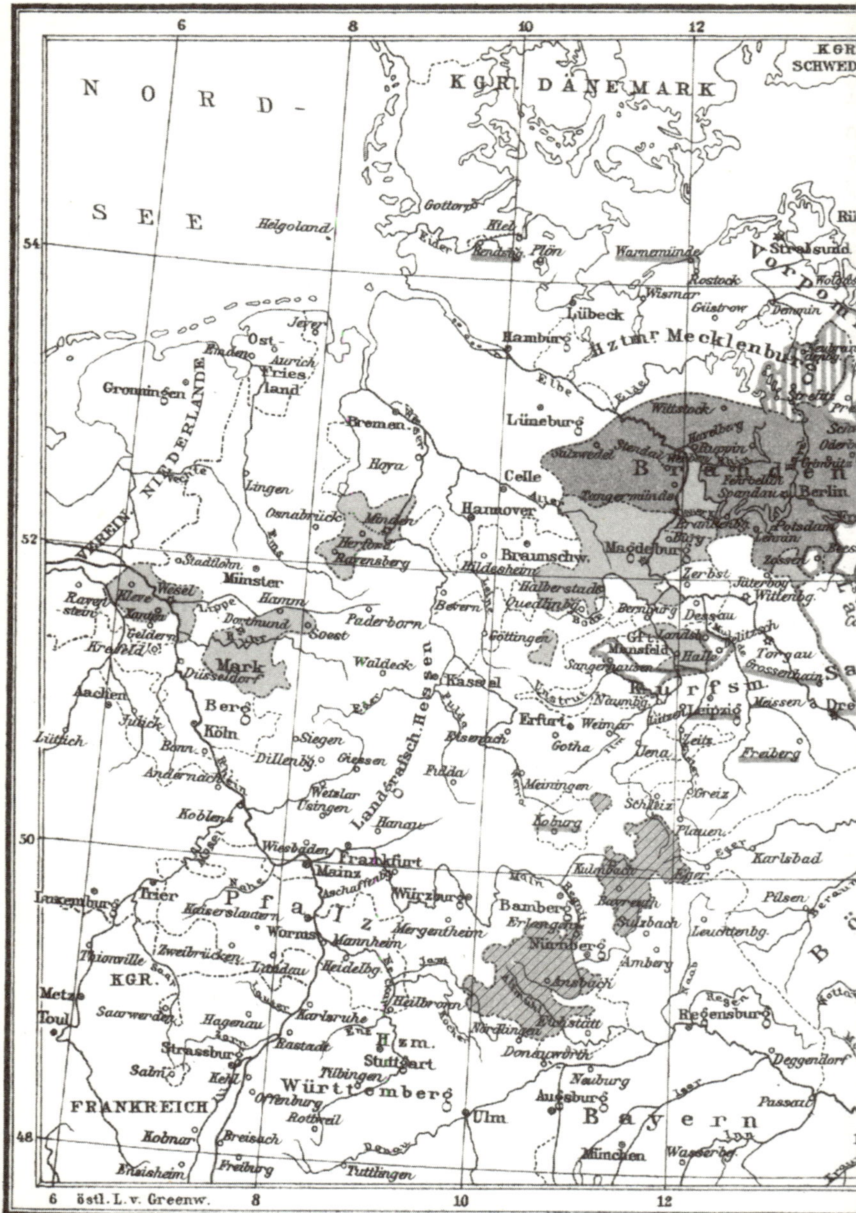

Verlag der J. G. Cotta'schen Buchhandlung Nachfolger.

Maßstab 1:6000000

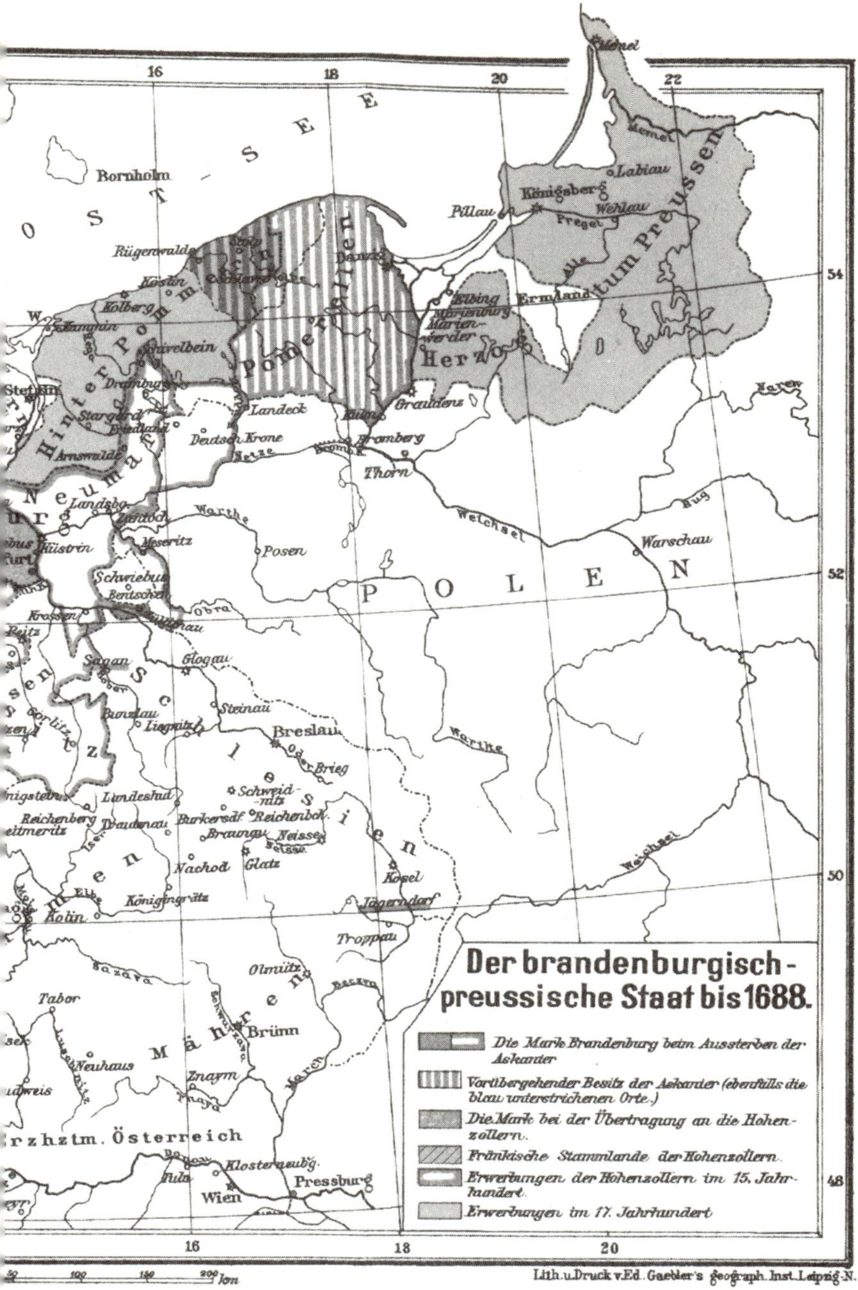

Lith. u. Druck v. Ed. Gaebler's geograph. Inst. Leipzig-N.

für mußte Friedrich Wilhelm freilich auf Eroberungen in Pommern, die er im Verlauf des Krieges gemacht hatte, verzichten. Erst 1773 gelang es, die polnische Lehnshoheit über Preußen ohne die 1657/60 akzeptierten Beschränkungen abzulösen.

Die preußischen Landstände hatten in der polnischen Lehnsoberhoheit immer einen politischen Faktor gesehen, den sie gerne im Spiel hielten, um mit ihm im Bedarfsfall fürstliche Angriffe auf eigene (Rechts-)Positionen abzuwehren. Noch lange, etwa um 1670/71 haben die Stände unter der Hand zum polnischen Sejm Verbindungen unterhalten. So wie kurz zuvor den klevischen Ständen in ihrem Regionenkonnex das Recht zu autonomen Außenkontakten genommen worden war, so gefährdete die neue preußische „Souveränität" die alttradierte ostmitteleuropäische Einbettung, d. h. den Rückhalt für das Herzogtum Preußen. Das brachte temporäre Schärfe in die Beziehungen des Kurfürsten zu seinem östlichsten Erblande; 1657 und 1660 waren die Stände nicht zugezogen worden. Ganz im Osten hatte es der Hohenzoller nicht nur mit Ständen zu tun, die sowohl die staatsrechtliche Tradition des Landes vertraten, als auch die Waffen der damals modernsten westeuropäischen Staatstheorie, etwa das Naturrecht eines Hugo Grotius, brillant zu handhaben wußten. Die preußischen Adelsstände besaßen auch einen breiten Rückhalt an ständerechtlich teilprivilegierten, aber nichtadligen Schichten der Landbevölkerung und ferner an den sehr selbstbewußten drei Teilstädten Königsbergs. Dies erklärt den Eklat, nämlich die Verhaftung des Schöppenmeisters Hieronymus Roth während des Langen Landtages von 1661 bis 1663, der freilich mit einem Kompromiß zu Ende ging, vergleichbar dem Zustand in Brandenburg nach 1653, in Pommern seit 1654 und im Westen seit 1660/61. Auch im Osten behielten die Stände das Steuerbewilligungsrecht und ihre Finanzverwaltung (den „Landkasten"), die fortan in konfliktreichem Nebeneinander mit dem landesfürstlichen Kriegskommissariat lebte, sogar noch um 1700. Nicht 1661/63, sondern vier Jahrzehnte später fanden in Preußen die letzten Landtage statt, freilich von den Adelsdeputierten nurmehr schlecht frequentiert, d. h. von den sog. „Landboten", die offenbar an diesen alten und schwerfälligen Instituten selbst das Interesse verloren hatten.

Zumal in Kriegszeiten – wieder in den 1670er Jahren – haben sich die Stände in die militärischen und finanziellen Realitäten zu fügen gelernt; sie definierten ihre Interessen nun in einem moderneren Sinne, im Sinne einer regionalistischen Integration in den brandenburg-preußischen Gesamtstaat, der traditionale Autonomien durchaus noch ertrug.

Wir haben gesehen: Der europäische Außendruck deformierte und reformierte die Binnenstrukturen des Gesamtstaates ohne eine absolutistische Revolution. Konflikte standen anfangs bei hohen Steuerforderungen an, Steuerforderungen, die dem neuen, dem stehenden Heer zugute kommen sollten. Zu Beginn seiner Regierung hatte Friedrich Wilhelm seine Truppen noch reduziert, bis auf 2000 Mann. Bei neuen Rüstungen (1644) war das Vorbild der schwedischen Militärverfassung wirksam. Mit dem neuen Miles perpetuus und der moderneren kommissarischen Administration entstand nun ein institutioneller Gesamtstaatsrahmen, komplementär zum traditional-regionalistisch-alteuropäischen Unterbau. Es wäre möglich, diese Phase der brandenburg-preußischen Staatsbildung an der Entstehung derjenigen neuen Armeeinstitutionen zu exemplifizieren, die nun neben die je besonderen tradierten Einrichtungen landschaftlicher Landesdefension traten. Um so wichtiger war für den Herrscher das Dislokationsrecht, d. h. die Befugnis, die neuen Regimenter nach Belieben im Gesamtstaat zu stationieren. Die Neuaufstellungen von 1655, im Vorfeld des ersten Nordischen Krieges, besaßen für die Entstehung der neuen Armee große Bedeutung. 1656 zählte sie 22 000 Mann, nach 1660 neuerlich reduziert, aber nie wieder ganz entlassen, in den siebziger Jahren zeitweise über 40 000 Mann, in der Zeit des Reichskrieges gegen Frankreich und der Konfrontation mit Schweden (Gefecht bei Fehrbellin 1675). In der Regel handelte es sich dabei um Soldtruppen.

Allerdings, mit diesem jungen „stehenden Heer“, das also bei manchen Schwankungen in der Mannschaftsstärke nie mehr ganz abgedankt wurde, ergaben sich neue und doch zeittypische Probleme: Auch in seiner Struktur verbanden sich Modernität und Traditionalität, und der Monarch hatte über mehrere Jahrzehnte damit zu tun, diese Truppe zu „verstaatlichen“, d. h. etwa die Elemente des vormodernen Militär-Unternehmertums zu reduzieren. Die Offiziere traten dem Kurfürsten Friedrich Wilhelm anfangs sehr selbständig gegenüber, denn die Obersten waren ja die Inhaber ihrer Regimenter, sie hatten mit dem Landesherrn Verträge (Kapitulationen) geschlossen, auf die sie sich berufen konnten. Die anderen adligen Offiziere unterstanden zu allererst den Obersten, nicht dem Fürsten. Seit 1673 mußte der Kurfürst zunächst einmal über alle Offiziersanstellungen informiert werden, seit Friedrich III./I. (1688–1713) wurden die Offiziere neuer Regimenter durch den Landesherrn allein bestellt. Die Beförderung nach Anciennität verminderte die Willkür der Obersten. Das neue Militärrecht stärkte den Gehorsam gegenüber dem Kurfürsten. Um 1700 stützte ein großer Anteil hugenottischer Offiziere (1/3) die Anhänglichkeit an den Hohenzollern. Gleichwohl hat noch die preußische Armee des 18. Jahrhunderts starke Anklänge an das alte Militärunternehmertum aufzuweisen gehabt. Um 1700 haben die Landstände bei der Aufbringung der Mannschaften mitgetan und ihren praktischen Einfluß noch geltend machen können (nach brandenburgischen Akten).

Diese Melange von Modernität und Traditionalität war kein brandenburg-preußisches Spezifikum; wir finden sie auch in der österreichischen oder der älteren französischen Militärverfassung der Zeit wieder. In Brandenburg-Preußen waren die Ressourcen aber in besonderem Maße beschränkt. In allen Teilen des Staates zusammen wurden ja 1688 nur etwas mehr als eine Million Menschen gezählt. Von nennenswerten Bodenschätzen, etwa solchen, die auch nur die für die Rüstung notwendigen Metalle zur Verfügung gestellt hätten, war nicht die Rede. Hochwertigeres Eisen kam – ausgerechnet – aus Schweden.

Das Gewerbe entwickelte sich bis 1688 nur mühsam über das traditionell handwerkliche Niveau; erste Manufakturen wurden z. T. vom Kurfürsten gefördert, in Berlin-Brandenburg, aber auch z. B. in Magdeburg in den späten Jahren Friedrich Wilhelms begründet. Die französischen Einwanderer haben gewiß wirtschaftliche Innovationen ins Land gebracht, und ihre Produkte fanden Absatz in der Residenz, da, wo schon vor 1688 der Hofaufwand nachhaltig gesteigert wurde. Freilich: Die wirtschaftliche Förderung der Hugenotten geschah zulasten der alten einheimischen Bevölkerung und der traditionellen Gewerbe, was dann der Integration der Einwanderer im Wege stand und eher Verbitterung schürte. Auch blieben die Hugenotten außerhalb der alten Zunftorganisation. Noch lange waren die Hugenotten ein „Zuschußobjekt" der brandenburg-preußischen Staatswirtschaft; aber nur ein Teil der frühen Manufakturen lag in ihrer Hand. Die Anfänge der Fertigung in größeren, manufakturiellen Produktionseinheiten finden wir im späten 17. Jahrhundert und um 1700 auf dem Gebiet der Textilherstellung, der (dazu gehörigen) Gold- und Silberdrahtfertigung, der Spiegelarbeiten und auch der Zucker- und der Tabakverarbeitung. Nicht alle Innovationen auf dem Felde luxuriöserer Warenproduktion vermochten sich in der kargeren brandenburg-preußischen Umgebung des späten 17. Jahrhunderts zu behaupten. Auf die ökonomische Struktur des Gesamtstaats bezogen blieben die Manufakturen noch lange ein peripheres Phänomen. Das traditionelle Gewerbe mit wenigen ökonomischen Zentren versorgte den brandenburg-preußischen Gesamtstaat mit seiner entschieden agrarischen Prägung.

Es ging ganz wesentlich um die optimale Ausschöpfung der personellen und ökonomischen Ressourcen, und die dafür benötigte „Verwaltung" – ein moderner Begriff – erwuchs im Gleichschritt mit dem Miles perpetuus. Wir sahen: In militärischen Überlastphasen, seit 1626 und dann nach 1655 entwickelte sich die Kommissariats-Hierarchie erst in Brandenburg und dann in Preußen. Der nun ein halbes Jahrhundert alte Geheime Rat, 1651 wenn auch nicht eben glücklich in Ressorts neu organisiert, hat seit der Mitte der fünfziger Jahre nun für die ganzen Staatsgebiete die Aufgaben einer Zentralinstanz, auch für die inneren Materien, wahrgenommen. Der Kurfürst erschien in den Ratssitzungen, reservierte sich aber zugleich seine Kammer, sein „Kabinett", als Sphäre autonomer Entscheidungen. Noch hat der Monarch sich auch hier dem persönlichen Kontakt mit hohen Amtsträgern ausgesetzt. Der Geheime Rat verlor freilich schon in der 2. Hälfte des 17. Jahrhunderts mehr und mehr Kompetenzen an die modernen Spezialinstanzen, an das Generalkriegskommissariat und das 1689 begründete oberste Kammer-Organ des Staates, die Hofkammer.

In der zweiten Hälfte des 17. Jahrhunderts wandelte sich die ältere Personalunion zu einer institutionell gestützten Realunion der Länder. In den Ländern entstanden wie in der Mark (Amts-)Kammern, insbesondere für die Domänensachen, geistliche Konsistorien, vor allem aber Kommissariate, die mit den Ständen bei der Steuerverwaltung kooperierten. Die alten obersten Landesorgane, in Preußen die „Oberratsstube", in Kleve der Geheime Regierungsrat, blieben unter Reduktion der Kompetenzen bestehen, während die Kommissare mehr und mehr Materien, vor allem die Steuer- und Merkantilaufgaben, an sich zogen, zuständig für die Kontribution und die neue städtische Steuer: die „Akzise". Für sie wurden in einem sich bis in das 18. Jahrhundert erstreckenden Prozeß städtische Kommissare („Steuerräte") eingesetzt. Das alles schuf für den Landesherrn neue Finanzquellen, die von ständischer Bewilligung unabhängig waren. Deshalb haben die Stände die neue Steuer nicht gerne gesehen und sie erfolgreich auf die Städte begrenzt. In der Mark Brandenburg haben um 1680 Bauerngemeinden den Kampf gegen die Akzise mitgetragen und unterstützt. Zugleich eröffneten sich für die neue Amtsträgerschicht in längerer Frist Einfallswege in die kommunale Autonomie. Die Einführung der Akzise in der Mark 1680/82 hat Friedrich Wilhelm ganz ausdrücklich mit den Kriegslasten des verflossenen Jahrzehnts begründet.

Nach wie vor ging es in den Augen des Kurfürsten Friedrich Wilhelm, für den in den siebziger Jahren der Beiname des Großen Kurfürsten im Volksmund in Gebrauch kam, um das pommersche Gesamterbe. Daraus ergab sich wiederholt eine Konfrontation mit Schweden. Dies war eine Konstante in der europäischen Politik des Monarchen, die durch häufige Bündniswechsel gekennzeichnet war, in der zweiten Hälfte der siebziger Jahre in der Allianz gegen, nach 1679 für einige Zeit mit Frankreich. Für die Orientierung der brandenburg-preußischen Politik spielte die Frage, ob Subsidienzahlungen zu bekommen seien, eine durchaus wichtige Rolle. Hinter der Sprunghaftigkeit der brandenburg-preußischen Staatenpolitik verbarg sich also ein strukturelles Problem: die nach wie vor unzureichende materielle Basis für eine selbständige Außenpolitik im europäischen Kräftefeld. Nationale Motive spielten bisweilen in der Traktatpropaganda, nicht aber für die eigentliche Bündniswahl eine Rolle. Gerade in den Jahren der französischen Ostexpansion („Reunionen") hat Kurbrandenburg an der Seite Frankreichs gestanden; dies ist in der jüngeren Reichsforschung scharf gerügt worden (v. Aretin). Noch unter dem Großen Kurfürsten ist freilich die brandenburgische Politik vom französischen Bündnis abgerückt; dabei spielten konfessionelle Motive, etwa die Politik Ludwigs XIV. gegen die Hugenotten, eine nicht geringe Rolle. In der Abwendung von Frankreich und dem Defensivbündnis mit dem Kaiser vom März 1686 wurde noch unter Friedrich Wilhelm diejenige von der brandenburgischen Diplomatie dann lange beibehaltene Bündniskonstellation gefunden, die schon auf die Kronpolitik des Jahrhundertwechsels hinführte.

Damit schloß sich gewissermaßen der Kreis einer brandenburgischen Reichspolitik, die 1648, zu Regierungsbeginn des Großen Kurfürsten, Kurbrandenburg ja eher noch stärker in das Heilige Römische Reich integriert hatte. Denn die Gebietsgewinne von Münster und Osnabrück, mit dem Anfall Magdeburgs 1680 endgültig realisiert, hatten auch den reichspolitischen Effekt, daß sich die Verzahnung der Hohenzollernländer mit dem Reichssystem intensivierte. Brandenburg wuchs also nach 1648 stärker in das Alte Reich hinein. Wenn auch von den protestantischen Unionsplänen der 1650er Jahre über den sicherlich späten brandenburgischen Beitritt zum französisch orientierten (ersten) Rheinbund bis zur Allianz der achtziger Jahre Distanz und Nähe zwischen den brandenburgischen Kurfürsten und dem Hause Habsburg starken Wechseln unterlagen, so hat der Große Kurfürst doch die Reichsverfassung stets akzeptiert (Anton Schindling). Diese bildete ein Koordinatensystem für die brandenburgisch(-preußische) Politik.

Das alles verweist auf Traditionen in der Politik des Großen Kurfürsten, die davor warnen lassen, sein Bild „zu modern" zu malen, ihn zu sehr im Lichte späterer Entwicklungen und jüngerer Jahrhunderte zu interpretieren. Bei der Integration der neuen Länder, nach 1648 und wieder nach 1680, ist er immer erstaunlich behutsam vorgegangen, er hat – auch noch in seiner späten Regierungszeit! – kein Bild absolutistischer Prinzipienpolitik geboten. Dazu passen auch die recht traditional anmutenden, sich über Jahrzehnte immer wiederholenden Teilungsprojekte des Kurfürsten Friedrich Wilhelm, die – wären sie realisiert worden – die regionalistische Einheit des Gesamtstaates zugunsten dynastischer Versorgungsmotive wieder gesprengt haben würden.

4. Der erste König

Es war kein geringes Verdienst des gern unterschätzten Kurfürsten Friedrich III., daß er die letzten Teilungsdispositionen seines Vaters erfolgreich angefochten und die Unveräußerlichkeit aller Territorialakquisitionen 1710 rechtswirksam für alle Zeit festgelegt hat. Überhaupt erscheinen die zweieinhalb Jahrzehnte der Herrschaft Friedrichs III./I. (1688–1713) als konsequente Fortsetzung einer langfristigen Entwicklung mit durchaus modernen Zügen; damit relativiert sich die Zäsur des Jahres 1688. Auch der scheinbare Stilbruch hin zu barock-höfischen Formen verliert an Dramatik, wenn man die entwickelteren Formen kultureller Selbstdarstellung der brandenburg-preußischen Hohenzollern beachtet, wie sie seit etwa 1680 beispielsweise im Ausbau des Berliner Schloßbezirks zum Ausdruck kommt. Schon der Große Kurfürst hat in seinem letzten Jahrzehnt – sehr im Unterschied zu seinen früheren Regierungsmaximen – den Hof als politisches Instrument entwickelt. Darin und in der Rangproblematik, die nun in das Zentrum der brandenburg-preußischen Politik trat, wird man also sehr viel weniger Objektivationen individueller Herrscherneigungen, charakterlicher Prägungen und persönlicher Bedürfnisse erkennen müssen als vielmehr die Antwort auf die politischen Necessitäten, wie sie von der Mitte des 17. Jahrhunderts bis 1701 entstanden waren.

Die Kronpolitik, die Friedrich III. gegen erhebliche Widerstände seiner engeren Umgebung (Danckelman) und hoher Amtsträgergruppen durchgesetzt hat, gab die Antwort auf diese politische Notwendigkeiten. Die Dignitätspolitik hatte Wirkungen nach außen und innen. Dazu zählten Transferzahlungen aus den verschiedenen Teilen des Staates, die dem Aufbau bzw. der Modernisierung der mittelmärkischen Residenzlandschaft zugute kamen, freilich mit allen Folgen einer Auslaugung vor allem der außerbrandenburgischen Gebiete. In internen Korrespondenzen hat Friedrich I., kurz nach der mit dem Namen Andreas Schlüter verbundenen Phase des Residenzausbaus, die sich daraus ergebenden finanziellen Landeslasten begründet. Die Kosten des Schloßbaus ergäben sich „nicht aus Lust", sondern eben aus einer Necessität für den Staat (nach Akten).

Aus diesem, einem europäischen Zusammenhang, aus einem politischen Entwicklungszwang erwuchs das Streben Friedrichs III. nach der Krone. Seit der Mitte des 17. Jahrhunderts war Kurbrandenburg zunehmend unter spezifischen Druck geraten, unter den zeittypischen Druck europäischer Statuskonkurrenz, schon ein Problem in den vierziger Jahren, während der Verhandlungen in Münster und Osnabrück, und seit 1648 dann erst recht. Denn das Westfälische Friedenswerk hatte ja den deutschen Fürsten das allgemeine Bündnisrecht zugesichert. Politische Erfolge, etwa die preußische „Souveränität", der Anspruch auf politische Gleichwertigkeit im Verkehr der Staaten, das alles geriet in Gefahr, wenn es nicht von den europäischen Mächten anerkannt wurde, und zwar im politischen Zeichensystem der Zeit: im Zeremoniell. Friedrich hat dies rasch erkannt und seit den frühen neunziger Jahren in Wien die Möglichkeit einer majestätischen Rangerhöhung sondiert. Ohne die Kaisermacht schien der Griff nach einer Krone, die in der Perspektive ja europäische Gleichberechtigung bedeuten konnte, aussichtslos zu sein. Nach erstem Scheitern hat die brandenburgische Diplomatie seit 1699 eine neue Offensive gewagt, und die Habsburger haben im Vorfeld eines Großkonfliktes mit dem Frankreich Ludwigs XIV., dem Spanischen Erbfolgekrieg, dem hohenzollernschen Wunsch unter günstigen Konditionen entsprochen. Zu wich-

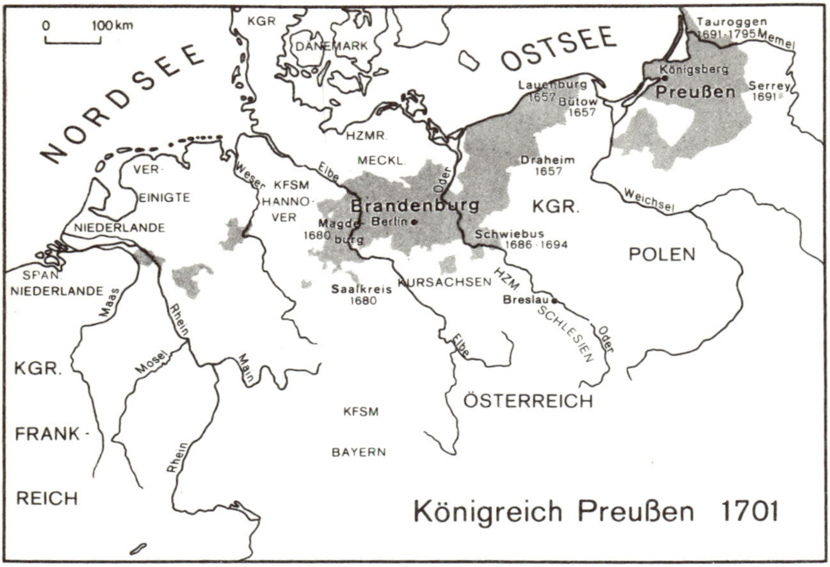

tig schien der brandenburgische Bundesgenosse. Der Krontraktat vom 16. November 1700 war Voraussetzung zum Königsberger Aktus der Selbstkrönung am 18. Januar 1701. Die neuere Forschung erkennt darin eine historische Leistung des ersten Königs „in Preußen“.

Ansicht des Schlosses von Königsberg (20. Jahrhundert)

Auszug

Verschiedener

Die neue Preußische Crone

angehender Schrifften.

verfertiget im

JULIO MDCCI.

Zu finden

bey Nicol. Förstern / Buchhändl.

in Hanover.

Sammlung von Schriften zur preußischen Krönung, erschienen unter Mitarbeit Leibniz'

IV. Der preußische Absolutismus

1. Die formative Epoche: Preußen bis 1740

Mit dem Kronerwerb hat sich die Staatsstruktur Preußens zunächst nicht verändert. War vor 1701 bereits als einheitlicher Name für alle Gesamtstaatsgebiete der brandenburgische Titel im Gebrauch gewesen, so wurde nun der ranghöhere Landschaftsname des obendrein „souveränen" Territoriums zur nominellen Klammer des Gesamtstaats, eben derjenige Preußens.

Die Kronwürde mußte freilich noch in der politischen Praxis Europas anerkannt und von Preußen in spezifischer Weise unter Beweis gestellt werden. Gerade in den Jahren nach dem Königsberger Akt war ostensibler Hofaufwand eine politische Notwendigkeit ersten Ranges: In Europa mußte die Königsqualität förmlich sichtbar gemacht werden. Der Hof mußte wirken, etwa in die Adelsgesellschaft des Heiligen Reiches hinein. Deshalb suchte man z.B. reformierte Reichsgrafen nach Berlin zu ziehen, die dem Hof Reputation verschaffen konnten. Der Berliner Schloßausbau unter Schlüter und Eosander gehört in diesen Zusammenhang, auch die Begründung der Berliner Akademie der Wissenschaften. Die Denkschriften von Gottfried Wilhelm Leibniz deuten in diese Richtung. – Der Aufwand ostentativen Prunks war freilich bei nicht einmal 4 Millionen Talern Jahresbudget für den Staat (1710) auf Dauer nicht zu tragen, wenn gleichzeitig in Krisen und Kriegen in Ost und West zusätzliche Lasten, vor allem für das Militär, aufzubringen waren. Unvermeidlich geriet der junge Königsstaat im ersten Jahrzehnt nach 1701 in eine schwere Überlastkrise mit bedenklichen Desintegrationserscheinungen. Zudem wütete gerade im eigentlichen, dem östlichen Preußen, um 1710 die Pest.

Noch unter dem ersten König wurde die Lage erkannt. Realisten am Hof erahnten um 1710 eine Änderung des politischen Stils. Zu dieser Zeit verschoben sich die Kräfteverhältnisse unter den Parteiungen am Hof und in der obersten Regierungsebene. Schon vor seinem Regierungsantritt als Friedrich Wilhelm I. im Februar 1713 war er als Kronprinz der Mann, der den neuen preußischen Politikstil entschlossen und nicht ohne Härten eingeführt hat. Im Todesjahr des Großen Kurfürsten geboren, von tiefer, sehr persönlicher Religiosität bestimmt, hat Friedrich Wilhelm wesentliche Erfahrungen in seiner Prinzenzeit gemacht – Erfahrungen, die alsbald Wirkungen auf den Staat zeitigen sollten. Schon in Knabenjahren zeigten sich ausgeprägte militärische Interessen und solche der ökonomischen Praxis. In der Herrschaft Wusterhausen, nicht weit im Südosten Berlins, hat er sich vor 1713 auf beiden Gebieten erprobt, auch Techniken autokratischer Regierungsführung, die er sodann auf den Staat übertrug. Zu den prägenden Jugenderfahrungen gehörten Erlebnisse des Prinzen im alliierten Feldlager im Nordwesten, in den Niederlanden, im Kampf gegen Frankreich. Er war dort sehr unmittelbar Adressat nur geringer Wertschätzung des jungen preußischen Königtums geworden, ein junger Staat, der kaum in der Lage war, ohne fremde, nordwesteuropäische Subsidien 30 000 Soldaten auf den Beinen zu halten. Als prinzlicher Statthalter in der Mark Brandenburg wurde der Kronprinz verzweifelter Zeuge preußischer Hilflosigkeit im Angesicht fremder Heere, die preußisches Kernland durchzogen.

Diese Lehren saßen tief, und der Samen der frühen Erfahrungen fiel auf empfänglichen Boden. Die frühe Begegnung des noch im kalvinistischen Sinne erzogenen Prinzen mit der lutherischen Praxis pietatis, wie sie in Halle an der Saale, und zwar an der Universität und im Anstaltskomplex des Waisenhauses August Hermann Franckes ihr organisatorisches Zentrum gefunden hatte, kam dann hinzu. Friedrich Wilhelm I. ist nur zu verstehen aus dem Handlungsimpuls persönlicher Frömmigkeit, die er ins Staatliche übersetzte. Aus alledem erwuchs ein Reformprogramm der preußischen Praxis, ein Programm innenpolitischer Askese, der Konzentration auf den Ausbau der Staatskräfte unter Reduktion des Hofes, freilich nicht seiner Abschaffung. Ein gutes Jahrzehnt nach dem Kronerwerb war es auch einem Friedrich Wilhelm I. gewiß nicht mög-

Adreß
Kalender /
Der Kön. Preuß. Haupt-
und Residentz-Städte
Berlin
Und daselbst befindlichen
Königl. Hofes /
Auch anderer hohen und
niederen Collegien, Instanti-
en und expeditionen
Auff das Jahr
CHRISTI /
MDCCIV
Mit Approbation
Der Koniglichen Societat
der Wissenschafften

Erster bekannter Berliner Adreßkalender (1704)

lich, die Kommunikation in den zeittypischen Formen höfischer Rang- und Formensprache gleichsam zu verweigern, eine Sprache, die mehr denn je erforderlich war zur für Preußen unverzichtbaren Pflege des Staatenverkehrs. Schon der nicht eben geschickte Versuch in seinen ersten Königsjahren, etwa bei Botschafterempfängen den Aufwand ein wenig zu reduzieren, hatte teures Lehrgeld in Gestalt einiger politischer Kosten gefordert. Das Hofleben wurde also, so kann man sagen, in Preußen auf spezifische Weise rationalisiert: Die Pracht, für die der Berliner Hof bis 1713 in (Mittel-) Europa berühmt geworden war, wurde nicht mehr täglich vorgehalten. Die Technik „fallweisen Prunks" etwa bei Fürstenbesuchen, die Reduktion des Hofaufwandes auf okkasionelle Notwendigkeit im politischen Verkehr mit dem deutschen und europäischen Umfeld schuf Spielräume für die Entwicklung militärischer Potenz. Dabei lag dem Monarchen generelle Kunstfeindschaft fern. Die stattliche Sammlung des Hofsilbers war Teil des Staatsschatzes. Aber einen täglichen Statusaufwand ostentativen Prunks gab es nicht mehr. Freilich lag in dieser Strategie auch ein politisches Risiko, nämlich unverstanden, unterschätzt und unintegriert zu bleiben im Reich und in Mitteleuropa. Schon die partielle Verweigerung höfischer Kommunikation machte Preußen zu einem schwer, ja falsch kalkulierten Faktor. Die Spannungen entluden sich später.

Mit der spezifischen Rationalisierung der höfischen Staatsausstattung einher ging die Ausbildung der Technik gesteigerter monarchischer Autokratie. Bisher hatten die Herrscher die praktische, alltägliche Regierungsführung gehandhabt im Kontakt mit hohen, ministergleichen Räten und Amtsträgern; freilich hatten sich die Kurfürsten-Herzöge früherer Jahrzehnte immer auch vorbehalten, sich in ihre Kammer, seit Mitte des 17. Jahrhunderts schon „Kabinett" genannt, zurückzuziehen. Der Kontakt mit Ministern bot diesen immer auch Möglichkeiten der Einflußnahme am allerhöchsten Ort. Friedrich Wilhelm I. hat sich solcher Einflußnahmen nun mehr und mehr entzogen. Mit Sekretärspersonal aus Wusterhausener Tagen, anfangs auch adeliger, dann zunehmend subalterner Herkunft, zog er sich in seine schmuckarmen Arbeitszimmer zurück, Teile der kleinen Wohnungen, die er in den Schlössern unterhielt. Er distanzierte sich von seinen Ministern, verkehrte mit ihnen i. d. R. schriftlich, auf ihre Berichte folgten rasch seine „Kabinettsordern", d. h. kurze, sparsame, briefähnliche Handschreiben ohne Verzierungen, ohne große Staatssiegel, deshalb um so schneller auszufertigen, in großer Zahl. Auf den Eingaben der Untertanen finden sich die mit cholerischer Eile und hartem Federstrich hingeworfenen königlichen Anweisungen, die die Kabinettssekretäre zu deuten lernten. Potsdam und das herbstliche Jagdschloß in Wusterhausen gehörten zur Strategie monarchischer Distanzierung. Die hohen Kollegien für innere und äußere Staatsmaterien verblieben ja in Berlin. Nicht nur dieses Distanzverhalten, praktiziert auch gegenüber der hohen Staatsgesellschaft, macht das Besondere des preußischen Falles im europäischen Vergleich aus, sondern die zugespitzte Konsequenz und Radikalität, mit der Friedrich Wilhelm I. – und auch sein Sohn – diesen Stil fortan praktizierten. Das preußische „Kabinett" war eine hochflexible Arbeitsweise, nicht eigentlich eine Behörde, viel mehr eine letzte Steigerung des vormodernen „persönlichen Regiments". Eine intensive Reisepraxis diente den Königen, durch unmittelbaren Augenschein und direkten Untertanenkontakt ein Stück weit unabhängiger zu werden vom Schreibwerk der Berliner „Behörden".

Friedrich Wilhelm I. entwickelte die preußischen Staatstraditionen weiter, er steigerte sie in evolutionärer Weise mit entschlossener Einseitigkeit zu maximal zeitmöglicher Effektivität. Dazu war es erforderlich, inneradministrative Reibungsverluste wenn nicht zu unterdrücken, so doch zu minimieren. Vor allem das Verhältnis der zwei wichtigsten Hierarchien, die für die inneren Staatsmaterien zuständig waren, schuf anfangs erhebliche Probleme: auf der einen Seite die jetzt rund hundert Jahre alten (Kriegs-)Kommissare, längst die wichtigste Instanz für Finanzen, Wirtschaft und Militär, auf der anderen Seite die traditionsreichere Kammerverwaltung für die Domänen und nichtsteuerförmigen Einnahmen. Unter dem harten königlichen Druck, die Finanzerträge wie irgend möglich zu steigern, verschärften sich zwischen ihnen die Konkurrenzen und Konflikte, so daß zur Jahreswende 1722/23 Friedrich Wilhelm I., übrigens gegen einigen Widerstand aus der Ministerebene, in der Abgeschiedenheit eines kleinen, brandenburgischen Jagdschlosses die Vereinigung der beiden Administrationen vorbereitete und wenige Tage später – etwas polternd – vollzog. Der altpreußische Regionalismus blieb freilich Bauprinzip auch dieses neuen Kollegiums (des „General-Ober-Finanz-, Krieges- und Domänendirektoriums"), das bis zum Zusammenbruch des alten Preußen über acht Jahrzehnte im Berliner Schloß domizilierte. Unter Mischung des Personals aus Kammerverwaltung und Kommissariat wurden in vier (von fünf) Departements die Belange einzelner Ländergruppen diesem neuen „Generaldirektorium" aufgetragen, d. h. das Territorialprinzip blieb inneradministrativ im 18. Jahrhundert dominant, nur daß 1723 einige gesamtstaatlich zu handhabende Aufgaben den Regionaldepartements noch mit übertragen wurden. Gleich nach 1740 wurden dann freilich mehr an als in das Generaldirektorium neue, reine Sachdepartements hinzugefügt, zuerst eines für Handel und Gewerbe. Im Berliner Schloß wurde rücksichtslos Raum geschaffen für die neuen Organe, auch für die neuen kurbrandenburgischen. Im Keller, unter der Wohnung des Königs, lagerte der preußische „Tresor": der Staatsschatz. Auf der Ebene der „Provinzen" wurde die bisherige Zweispurigkeit der Amtsführung gleichfalls beseitigt; nach kurmärkischem Vorbild wurden „Kriegs- und Domänenkammern" geschaffen. Seit 1736 gab es davon neun im Staate.

Was diese Kameralorgane an Aufgaben versahen, hatte zuvor eine ältere Institutionenschicht verloren, die im altehrwürdigen Geheimen Rat seit 1604 ihr, zunächst brandenburgisches und später ja gesamtstaatliches, Zentrum besessen hatte. Auch die wichtigen außenpolitischen Materien wurden aber längst nicht mehr im Plenum dieses Etats-Rats, sondern im kleinen Kreise hochqualifizierter Amtsträger bearbeitet; so bildete sich in einem längeren Prozeß bis 1728 das „Departement von sämtlichen auswärtigen und publiquen Affairen" heraus. Vom Geheimen Rat blieb zunächst nurmehr ein Departement der Justiz- und geistlichen Sachen übrig. Erst im letzten Viertel des 18. Jahrhunderts gewann der Geheime (Staats-)Rat wieder an Gewicht, mehr als nur eine zeremoniöse Versammlung aller oberen Behördenchefs. Die Kirchen- und Schulsachen verblieben in den Provinzen und Landschaften den alten, z. T. aus dem 16. Jahrhundert überkommenen Konsistorien, lange Zeit Zentren pietistischer Theologen der Praxis.

Die zuletzt 1722/23 reformierte Finanz-, Merkantil- und Militärverwaltung war Trägerin einer sektoral begrenzten, d. h. auf bestimmte Bereiche konzentrierten Effektivierung und Rationalisierung im jungen preußischen Staat. Diese Verwaltung wurde ihrerseits von einem Netz unterschiedlicher Kontrollmechanismen durchzogen, in der Absicht, ein Maximum an (vor allem finanzieller) Effizienz zu erzwingen. Die General- bzw. Oberrechenkammer, die untersuchungsführenden Fiskalatsoffizianten, mancherlei Methoden nebenamtlicher Informationsbeschaffung waren Instrumente dieser Politik einer Sozialdisziplinierung des Amtsapparates. Die Steigerung der Effizienz war notwendigerweise nur eine zeittypisch-graduelle; Klientelgruppen, im Auswärtigen Departement in Form von Familienclans, blieben auch in Preußen von Bedeutung. Derartige Mechanismen der Rekrutierung von Funktionsträgern besaßen große und legitime Bedeutung in Zeiten, in denen es – nicht nur in Preußen! – noch keine systematische Beamtenausbildung gab. Frühe spektakuläre Versuche universitärer Kameralausbildung verliefen doch praktisch noch im Sande.

Die Absicht Friedrich Wilhelms I. ging auf eine neue Stufe, auf eine neue Qualität staatlicher Integration, und zwar unter Abschwächung des politischen Regionalismus. Freilich ist der König dabei schon unter dem eigenen Kameral-Personal auf erheblichen Widerstand gestoßen, als er durchzusetzen versuchte, daß durch ein dreijähriges Rotationsprinzip regionale Konnexionen wenigstens gestört werden sollten. Gerade ganz im Osten und ganz im Westen behielten einheimische Amtseliten in den neuen Kollegien still und zäh das Heft in der Hand. Selbst in Ostpreußen, derjenigen Provinz, die Friedrich Wilhelm I. in seiner Retablissementsarbeit nach der großen Pest besonders ans Herz gewachsen war, haben die Beamten noch im ganzen 18. Jahrhundert sich gegenüber zentralistischen Tendenzen aus Berlin widerständig gezeigt. Daß die großen Familien des ostpreußischen Adels nach wie vor sehnsüchtige Blicke nach „polnischen Privilegien“ warfen, hat der König in seinem Politischen Testament 1722 selbst bezeugt.

Auch in der Kriegs- und Domänenkammer des Herzogtums Magdeburg, einer jungen Landschaft des Staates, einer Region zudem mit traditionell besonders kräftigen Bindungen an das Heilige Römische Reich, haben noch sehr lange Personen Sitz und Stimme besessen, die als typisch frühneuzeitliche Amtsträger zwischen Krongewalt und Ständen die Landesinteressen im Auge behielten. Als Friedrich Wilhelm I. hier, an der mittleren Elbe, für die formelle Aufhebung der Lehnsqualität der Rittergüter eine neue Abgabe einführen wollte, kam es zu einem Eklat. Auch in der Kurmark hatte es ständischen Widerstand gegen diese „Allodifikation“ der Lehen gegeben. Von der Elbe aus haben sich Teile der Ritterschaft seit 1718 an die Gerichtsbarkeit des Reichs, an den Reichshofrat in Wien gewandt. In günstiger außenpolitischer Lage wagte es der Kaiser nicht, in den innerpreußischen Adelskampf einzugreifen, aber Friedrich Wilhelm I. hat zeit seines Lebens den zwar letzthin für die Opponenten erfolglosen, für den König aber politisch risikoreichen Konflikt nicht vergessen.

Vorsicht ist geboten, den Absolutismus in Preußen auf einer geraden Straße des Sieges zu sehen. Die Landstände gingen hier quasi in den Untergrund, dort haben sie bei reduzierter Organisation leiser als bisher weitergemacht bis auf für sie bessere Zeiten. – Selbst im städtischen Nexus, auch das ein Feld der Integrationspolitik Friedrich Wilhelms I., erkennt man bei näherer Betrachtung erstaunliche regionalistische Differenzierungen. Unter der Patina des staatseinheitlichen Absolutismus lebten die Menschen zwischen Staatsaufsicht und Stadtfreiheit (Gerd Heinrich), in den mittleren Gebieten stärker durch die Verwaltung überwacht, schon in Pommern aber auch weiterhin mit alten Wahlrechten der Amtskollegien; in Kleve hielten sich die Eingriffe Friedrich Wilhelms I. in praktischen Grenzen. Ämterkauf blühte in brandenburgischen Städten.

Auch hier sehen wir wieder die eigentümliche Melange von partieller Reform, von örtlichen Eingriffen in (städtische) Autonomien und weiterlebenden Traditionen. Umgeformt wurde in Preußen das, was ganz unmittelbar von vitalem Interesse für den Machtstaat war: neben der (Finanz-)Verwaltung vor allem die wirtschaftlichen Kapazitäten, und zwar nach 1713 weg von dem hofzentrierten Luxusgewerbe hin zur Massenproduktion im Umfeld der Armee. Geographische Zentren sind bis 1740 in dieser Hinsicht zu erkennen: der mittelmärkische Raum, die Kurmark Brandenburg, für den vielleicht zuerst der Begriff einer Provinz sinnvoll ist. Im Zentralraum um Berlin und Potsdam lag der Schwerpunkt der Woll- und der Uniformproduktion mit dem Berliner „Lagerhaus" als Großmanufaktur im Mittelpunkt. Die Wollindustrie war das Hauptgewerbe im Staate; Leinenproduktion trat in bestimmten Landschaften hinzu. Die Rohwolle als wichtigster preußischer Gewerberohstoff wurde – ganz im Sinne des Merkantilismus – mit allen Mitteln im Land gehalten. Auf Verstöße gegen das Ausfuhrverbot stand seit 1723 die Todesstrafe. Die Grundsätze merkantilistischer Wollpolitik wurden nach und nach auf alle mittleren und östlichen Gebiete übertragen, nicht aber auf Kleve und Mark, die ihrem „Charakter nach zu dem holländisch-belgischen Textilindustriegebiet" gehörten (Carl Hinrichs).

In der Mittelmark lag das Zentrum der preußischen Waffenproduktion mit den Manufakturen in Spandau und Potsdam. Magdeburg baute seine Stellung als überregionales Wirtschaftszentrum aus. Das brandenburgische Tuchgewerbe exportierte bis nach Rußland. Nach 1740 wurde die Seidenindustrie mit großem Aufwand gefördert. In Anlehnung an die Ordnungen des Heiligen Römischen Reiches deutscher Nation wurden in den dreißiger Jahren des 18. Jahrhunderts die Zünfte reformiert. Getreide wurde magaziniert, damit die Truppe immer versorgt werden konnte; im weiteren 18. Jahrhundert wurden die Kriegsmagazine aber auch in Friedenszeiten eingesetzt, um durch Interventionen die Lebensmittelpreise zu stabilisieren. In Preußen schlugen die typisch vormodernen Hungerkatastrophen nicht mehr mit voller Härte auf die Menschen durch. Der Wiederaufbau, vor allem in Ostpreußen, gehört zu den großen Leistungen Friedrich Wilhelms I., an denen er mit religiös getriebener Leidenschaft heftigen Anteil nahm. Die Salzburgeransiedlung,

Reglement,

Vor

Die Königl. Preußische INFANTERIE,

Worin enthalten

Die Evolutions, das Manual
und die Chargirung,

Und

Wie der Dienst im Felde und
in der Garnison geschehen soll,

Auch

Wornach die sämtliche Offi-
ciers sich sonst zu verhalten haben.

Desgleichen

Wie viel an Tractament be-
zahlet und davon abgezogen wird,
auch wie die Mundirung gemachet
werden soll.

Ordnung halber

In XII. Theile, ein jeder Theil in ge-
wisse Tituls, ein jeder Titul in gewisse
Articles abgefasset.

Gegeben und gedruckt Berlin den 1ten Junii 1743.

wohl rund 15 000 Personen, half zuletzt mit zum Erfolg. Millionen Taler flossen in den Osten, damals mit letztlich produktiven Resultaten. Die Menschenzahl war Faktor staatlicher Kraft. Der Untertan als Steuerzahler, als Wirtschaftssubjekt und in seiner unmittelbaren militärischen Funktion: ihn galt es zu schützen. Neben der großen Kolonisation im östlichen Preußen stand die Binnensiedlung im Brandenburgischen, vor allem im Havelland. Erste Versuche im Oderbruch hat dann Friedrich II. im großen zum Erfolg geführt und späterhin im Warthegebiet fortgesetzt.

Dies war gewiß ein Exempel staatlicher Effizienz, sagen wir sektoraler Effizienz, nur in bestimmten Tätigkeitsfeldern: bezogen auf die Machtstaatspotenzen, in stiller Entwicklung. Es kam darauf an, unter ungünstigen materiellen Voraussetzungen die Staatskräfte zu optimieren. Im Kernbereich staatlicher Macht hieß dies, Wege zu suchen, um bei vorgegebenen und (vorerst) unveränderbaren Bedingungen aus eigener Kraft – ohne fremde Subsidien – eine maximale Mannschaftsstärke schon im Frieden vorzuhalten. Wieder entwickelte Friedrich Wilhelm I. vorgefundene Strukturen weiter, formte sie bis zur maximalen (vormodern-)zeittypischen Effizienz, bei letzter Ausschöpfung der raren preußischen Ressourcen.

Längst waren die Offiziere daran gegangen, sich junge, dermaleinst wehrfähige Leute rechtzeitig zu sichern, indem man sie „enrollierte", d. h. für die Regimenter in Listen erfaßte. Um 1700 war die Technik üblich gewesen, die „Werbung" der Soldaten, die für bestimmte Regimenter aufgebracht werden sollten, in bestimmten Gebieten durchzuführen. Gleichwohl entstanden immer wieder Friktionen zwischen den Truppenteilen, die bei der Aushebung konkurrierten. Gleichzeitig erhöhten sich Druck und Übergriffe gegenüber den Untertanen, und es steigerte sich der Widerstand gegen die Werbeoffiziere bis hin zu lokalem Aufruhr, obwohl die Soldaten nach einer ersten Zeit der Einübung wieder nach Hause auf die Äcker oder in ihre Werkstuben beurlaubt zu werden pflegten, was sie als Arbeitskräfte erhielt und zugleich Einsparungen am Solde ermöglichte. Friedrich Wilhelm I. hat im Jahre 1733 diese vorhandenen, aus der Praxis entstandenen Elemente der bisherigen Heeresaufbringung in mehreren (Kabinetts-)Ordern zu einem System gesteigert und kombiniert: der „Kantonverfassung". Jedem Regiment wurde ein fester Kanton mit bestimmter Feuerstellenzahl zugewiesen, aus dem fortan die vorher „enrollierte" junge Mannschaft ganz nach Bedarf und körperlicher Entwicklung („Wachstum") eingestellt wurde. Die „Werbung" im Ausland trat ergänzend hinzu. Ständische Exemtionen, Ausnahmeregelungen für bestimmte Personengruppen, unterscheiden das altpreußische Kantonsystem von der modernen allgemeinen Wehrpflicht seit dem 19. Jahrhundert. Der Hauptmann führte im alten Preußen die Kompanie als Wirtschaftseinheit, Restbestand des älteren Militärunternehmertums. Die Truppe lag ganz überwiegend im Bürgerquartier. Harte Militärdisziplin hielt die altpreußische Armee des 18. Jahrhunderts zusammen. – Ein einheitliches „Kantonreglement" hat es in Preußen erst 1792 gegeben. – Gewiß ist die Armee der Inbegriff einer staatseinheitlichen Institution gewesen, doch erkennt man – bei genauerem Hinsehen – den politischen Regionalismus auch hier. Zum einen hat sich „der" Adel verschiedener Landschaften sehr unterschiedlich stark im Offizierskorps engagiert. Der ökonomisch schwache Kleinadel vor allem der mittleren Provinzen stellte den typischen preußischen Offizier, während etwa beim ostpreußischen Oppositionsadel eher Aversionen wuchsen. An Rhein und Weser ist das Kantonsystem 1748 wieder abgeschafft worden. In einem weiteren Sinne wird die Wirkung des politischen Regionalismus sogar auf dem militärischen Gebiet erkennbar, nämlich daran, daß – wie neue Aktenfunde zeigen – die Stände an der Ausarbeitung des späten Kantonreglements, und zwar in Konferenzen um 1790, doch beteiligt gewesen sind.

Das altpreußische Militärsystem, wie es – mit Modifikationen – bis zum frühen 19. Jahrhundert eine tragende Säule älterer preußischer Staatlichkeit gewesen ist, wurde von Friedrich Wilhelm I. nicht „erfunden"; es wurde von ihm aus vorgefundenen Ansätzen, aus jahrzehntelangen Entwicklungen heraus zum System gesteigert in maximaler Rationalisierung auf der Basis vormodern, ständischer, d. h. auch: geburtsständischer Strukturen. Bei seinem Tode zählte die

Armee rund 76 000 Mann, davon 26 000 Ausländer. Das Kantonsystem half dem Lande, diese Last zu ertragen.

Friedrich Wilhelm I. hat, vor allem nach 1720/21, seine Reformpolitik betrieben, in günstiger europäischer Lage. Er hat eine relative Ruhephase im Schieben und Drängen der europäischen Mächte genutzt zu tiefgreifenden Strukturprägungen. Die zwei Jahrzehnte vor 1740 sind die formative Phase des alten Preußen. Freilich ist es nicht richtig, wenn behauptet wird, ausgerechnet dieser Militärmonarch habe nie Kriege geführt; 1714/15, nachdem der Spanische Erbfolgekrieg im Westen beendet worden war, ist Preußen im Großen Nordischen Krieg der antischwedischen Koalition (mit Rußland) beigetreten. Auf Usedom und Rügen haben preußische Truppen gekämpft wie auch um Stralsund. Der Gewinn war derjenige Teil Pommerns mit Stettin, den der Große Kurfürst vergeblich erstrebt hatte.

Nach den Friedensschlüssen von Stockholm und Nystad 1720/21 waren die Jahre altpreußischer Staatsformierung eben glückliche Jahre relativer europäischer Ruhe, für Preußen zudem abgesichert durch fast zwei Jahrzehnte guten Einvernehmens mit Rußland im gemeinsamen Interesse an der Kontrolle des polnisch-ostmitteleuropäischen Vorfeldes. Freilich, anders als Frankreich und, alsbald kritisch, auch Rußland, hat man in Wien – nach gegenwärtigem Forschungsstand – wohl die strukturelle Wandlung des preußischen Staates und das Anwachsen eines neuen Potentials im Nordosten Mitteleuropas nicht zureichend beachtet. Nach Jahren des Schwankens hat sich Friedrich Wilhelm I. 1726/28 ins österreichische Bündnis begeben, mit kleinen Zielen am Niederrhein. Im Jahre 1738 wurde deutlich, daß Habsburg diese preußische Außenpolitik auch mit ihren denkbar begrenzten Zielen hatte scheitern lassen. Die Hofburg hat die Reichsloyalität Friedrich Wilhelms I. nicht honoriert, sondern desavouiert. Noch im letzten Regierungsjahr des alten Königs, 1739, deutete sich deshalb in der Anlehnung Preußens an Frankreich ein Umschwung in der preußischen Politik an, dessen Tragweite erst unter dem jungen König offenbar geworden ist.

2. Das friderizianische Preußen

Es gehört zu den eigentümlichen Personalkonstellationen der preußischen Geschichte, wie Friedrich II., der sich nie selbst, den aber sehr bald Zeitgenossen „den Großen" nannten, bei allen spektakulären Konfrontationen mit seinem Vater vor 1740 als König doch sein Fortsetzer geworden ist. Geprägt von einer neuen, naturrechtlich-kalten Staatsräson politischer Aufklärung, verpflichtet einer säkularisierten Staatsvernunft, die er sich in Kronprinzenjahren anverwandelte, hat er gleich im Winter 1740/41 dasjenige Instrument ein- und auch aufs europäische Spiel gesetzt, das ihm sein Vater auf dem Sterbebett am 31. Mai 1740 übergeben hatte. Friedrich II. hat, von wenigen spektakulären Reformmaßnahmen im Sinne politischer Aufklärung (Einschränkung bzw. Abschaffung der Folter) abgesehen, die Staatsstruktur unverändert gelassen: „Die große Wende blieb aus" (Th. Schieder). Die Kabinettspraxis seines Vaters hat Friedrich II. fortgeführt, nur mit noch stärkerer Radikalität und autokratischer Zuspitzung. Nur scheinbar wurde der Hof wieder in alter Weise restituiert. Immerhin gewann die Kunst, darunter die (Hof-)Musik, eine neue Residenzfunktion. Es fällt auf, daß unter den obersten Hofämtern bald schlesische Namen an prominenter Stelle erscheinen, freilich in einem dezentralisierten Hofleben in und um Berlin, dessen hervorragendes Merkmal die Entpolitisierung war. Seit den späteren vierziger Jahren bevorzugte Friedrich als Sommerschloß das neu erbaute Sanssouci, im Winter lebte er im Potsdamer Stadtschloß und nur wenige Wochen in Berlin. Die Brüder hielt er in ihren Schlössern und Palais politisch auf Distanz. Seine Gemahlin Elisabeth Christine war berühmt für ihre Einflußlosigkeit.

Die Entscheidungen auf politischem Felde hat der König monopolisiert und sich vorbehalten, so daß nicht einmal die Minister des auswärtigen Departements von allen wichtigen Staatskorrespondenzen erfuhren. Auch die Entscheidung vom Herbst 1740 lag ganz beim König, die Entscheidung für einen neuen Stil praktizierter preußischer Staatsräson. Bis dahin war Brandenburg-Preußen in keiner Weise dadurch auffällig geworden, daß es etwa Kriege begonnen hätte. Schon das macht Preußen und Frankreich auf lange Zeit unvergleichbar. Daß Preußen dazu gar nicht in der Lage war, hatte der Große Kurfürst früh gelernt. Es waren fremde Kriege gewesen, in die die Hohenzollern im Reich oder durch die Streulage ihrer Gebiete verwickelt worden waren, unter fremdem Druck, so noch beim Eintritt in den Großen Nordischen Krieg, als der schon eineinhalb Jahrzehnte währte. Friedrich Wilhelm I. hatte, wie wir aus seinen intimen Aufzeichnungen wissen, noch eine religiös motivierte Angst vor ungerechten Kriegen.

Anders sein Sohn. Friedrich II. hat den Rubikon der Aggressionen überschritten. Schon in Kronprinzenjahren hatte er sich, wie wir wissen, Gedanken gemacht über die geopolitische Lage seines Staates; schon damals ging es ihm um dessen Stellung in Ostmitteleuropa, schon damals hatten ihn expressis verbis Rechtsfragen nicht gekümmert. Nun, bei Eintreffen der Nachricht vom überraschenden Tode Kaiser Karls VI., war Friedrich beileibe nicht der einzige, der nach Teilen des habsburgischen Erbes griff. Allerdings war Preußen mit der Mobilisierung der Truppen vor Bayerns und vor Kursachsens Armeen marschbereit, und Friedrich marschierte – nach Schlesien. Ältere Rechtstitel auf schlesisches Gebiet hatten die Hohenzollern längst aufgegeben; Friedrich Wilhelm I. hatte Schlesien nicht mehr unter den legitimen Prätentionen Preußens aufgeführt. Es ging 1740/41 um die Ausnutzung der habsburgischen Schwäche zum Zwecke eines preußischen Qualitätssprunges, und Friedrich ging es auch um Ruhm. Nicht ging es ihm um die Zerstörung Österreichs.

Die ersten der beiden Schlesischen Kriege zwischen Preußen und Österreich 1740/42 und 1744/45 brachten sogleich existentielle Situationen, und es war immerhin nicht ausgeschlossen, daß gleich die erste Schlacht (Mollwitz, 10. April 1741) auch Friedrichs letzte geworden wäre. Im Resultat gewann er mit der Masse der schlesischen Länder Gebiete großer ökonomischer Potentiale, manche, wie das starke Leinengewerbe, durch die neuen Grenzen nach 1740/42 im beschleunigten Abschwung, andere, montane Gewerbe in junger Entwicklung. Und Schlesien lag strategisch günstig: Von diesem Glacis aus konnten jederzeit massive preußische Bedrohungen für die böhmischen und überhaupt die österreichischen Erbländer ausgehen. Die Oderlinie wurde jetzt für Preußen gewonnen, dessen mittlere Ländermasse in wertvoller Weise verdichtet. Schlesien wurde mit vergleichsweise harter Hand an- und dann in den Staat eingebunden, doch diese Integrationspolitik nahm – in mehreren Phasen – über zwei Jahrzehnte in Anspruch. In wirtschaftlicher Hinsicht blieb Schlesien weiterhin „Ausland", zum Schutz der brandenburgischen Manufakturen. In Ostfriesland, 1744 auf friedlich-erblichen Wege angefallen, wurden die Landestraditionen in erheblichem Umfange respektiert.

Die politischen Gewichte in Mitteleuropa hatten sich nun verschoben. Das 1713/21 stabilisierte Gleichgewicht der Mächte schien gestört, es bedurfte neuerlicher gewaltsamer Justierung. Maria Theresia fand sich mit dem Verlust nicht ab, in Wien sann man auf Revanche, daran besteht kein Zweifel. Über die Frage, wer denn am Ausbruch des Siebenjährigen Kriegs im Sommer 1756 die initiale Hauptschuld trage, wurde gleichwohl vor rund hundert Jahren eine erbitterte Kriegsschuld-Diskussion ausgefochten, besonders heftig unter preußischen Historikern selbst pro und contra. Die Entscheidungsfrage nur nach dem preußischen oder dem österreichischen Part verkürzt freilich ganz unzulässig die Perspektive.

Der kontinentaleuropäisch-siebenjährige Krieg stellt ja nur einen Teilaspekt eines schon weltkriegsartigen Großkonfliktes dar, der kurz zuvor in Nordamerika ausgebrochen war und sich bis Indien erstreckte. In Europa hat die Forschung erst nach einiger Zeit erkannt, daß eine mitteleuropäisch-verengte Sicht den mehr als nur hintergründigen Anteil Rußlands an der Entstehung des Siebenjährigen Kontinental-Krieges allzu lange ausgeblendet hatte. In der St. Petersburger Mächtekalkulation hatte sich Preußen seit den Zeiten Friedrich Wilhelms I. zu einem Faktor entwickelt, der sich der Steuerung zunehmend entzog und der das Gleichgewicht im Westen veränderte. Vollends nach der Annexion Schlesiens, jedenfalls seit der Mitte der vierziger Jahre, war die russische Diplomatie alarmiert und sann auf Revisionen, zugleich auf eine Dismembration

Preußens. Dies traf sich mit den Hoffnungen des österreichischen Staatskanzlers Kaunitz, Preußen auf das Niveau einer allenfalls mittleren Größe zu reduzieren, nicht freilich diesen Staat zu vernichten. Der präventive Schlag Friedrichs II. hat die Bildung der antipreußischen Koalition nicht ausgelöst, wohl aber in ihrem letzten Stadium beschleunigt und gefestigt.

Erst die ostmitteleuropäische Vorfeldpolitik schuf die Konstellation, in der sich Friedrich Rußland, Österreich und Frankreich, zudem Teilen des deutschen Reiches gegenübersah. Nach den sieben Kriegsjahren, nach anfänglichen Siegen, dann staatsgefährlichen Niederlagen Friedrichs, nach der Agonie allseitiger Erschöpfung und glücklich erreichtem Hubertusburger Status quo-Frieden (15. Februar 1763) hat Preußen der europäischen Lage für mehr als eineinhalb Jahrzehnte durch konsequente Anlehnung an Rußland Rechnung getragen.

Der Siebenjährige Krieg hat nicht nur, aber auch Preußen bis an den Rand staatlicher Leistungskapazitäten – in frühmoderner Zeit – gebracht. Auch Preußen war für einen solchen Großkampf letztlich nicht gerüstet (Nürnberger), es war überfordert, zeigte schon sehr bald Sezessions- und Desintegrationserscheinungen, besonders in den Außenländern, etwa im Kronland an Pregel und Memel. Hier haben sich die Landstände, die die letzten Jahrzehnte wie im Untergrund zugebracht hatten, bei Kriegsausbruch und noch mehr nach der russischen Besetzung Ostpreußens in sensationeller Weise revitalisiert. Sie betrieben eine eigene Landes- und Außenpolitik mit dramatischen, mit baltisch-ostmitteleuropäischen Horizonten.

Der Siebenjährige Krieg war ein vorrevolutionärer Krieg. Er wurde auf der Seite der Alliierten begrenzt durch Probleme der Koordination, durch gegenseitiges Mißtrauen, durch die Rückbindung der Entscheidungen an mehrere Höfe, auch durch vormoderne Grenzen in Kommunikation und Versorgung. Der Krieg war trotz erheblicher Verluste, in Preußen wohl 300 000 bis 500 000 Menschen, noch kein totaler, kein Vernichtungskrieg. Er traf auf ein vorrevo-

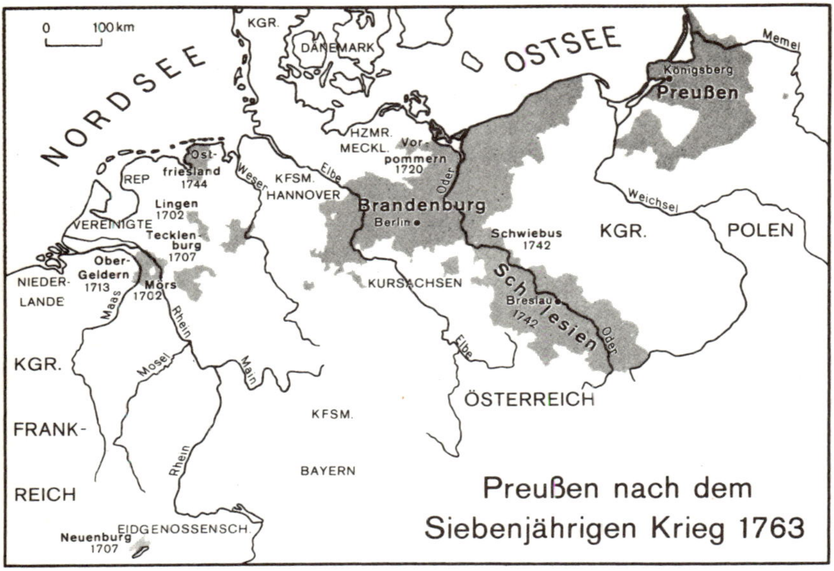

Preußen nach dem Siebenjährigen Krieg 1763

lutionäres Preußen, das auch im Kern der Staatsverwaltung 1756–63 an Leistungsgrenzen stieß, nicht nur an finanzielle. Strukturelle Faktoren und das rettende Ereignis vom Januar 1762, der Tod der Zarin Elisabeth, wirkten im Resultat zusammen.

Das neue preußische Retablissement, nicht erst nach 1763, sondern noch im Kriege begonnen, hat eine erstaunlich rasche Erholung bewirkt. Der König hat dabei dem ruinierten Adel der mittleren Provinzen, in Pommern und der Neumark, besondere Unterstützungen zugewandt. Hohe Summen flossen jetzt in Großprojekte der Staatskolonisation, einiges auch in das Retablissement in Kleve. Der Gesamtstaat wurde zentralistischer und regionalistischer zugleich: zentralistischer zunächst in der obersten Regierungs- und Verwaltungsebene. Waren schon die ersten, in den vierziger Jahren gegründeten Sachressorts mehr neben als in das Generaldirektorium und seine kollegiale Gesamtstruktur gestellt worden, so setzte sich diese Entwicklung nach dem Siebenjährigen Krieg bis hin zur Auflösung der kameralistischen Einheitsverwaltung fort. Sonderverwaltungen (wie die „Regie“ für die Verbrauchssteuern) wurden zudem herausgelöst. Schlesien war nie dem Generaldirektorium unterstellt worden. Das alles stärkte das autokratische Zentralitätsmonopol des königlichen Kabinetts, das, bei leichter Ausweitung des Mitarbeiterstabs, dem König im Prinzip so auf Sekretärsebene zuarbeitete wie seit Jahrzehnten, ohne eigene Amtsräume, ohne Registratur, die Arbeit in den (Potsdamer) Häusern und Privatwohnungen der Handvoll – bürgerlicher! – Kabinettsbeamten, denen freilich der frühmorgendliche Umgang mit Friedrich viel Einblick und Einfluß verschaffte. Das System, für das noch überschaubare Preußen bis 1740 effektiv, stieß nun bei der wachsenden Staatsgröße und den neuen Staatsproblemen an Wirkungsgrenzen. Die Personalquantitäten in den Berliner Amtsstellen blieben erstaunlich überschaubar, im Generaldirektorium von den Ministern bis zum letzten Subalternen zusammen um die einhundert Mann. Seit 1763 hatte Friedrich verstärkt mit einem Beamtentum zu tun, manchmal gar zu kämpfen, das seine Widerständigkeit mit Mühe kaschierte. Die Beamtenausbildung wurde erstaunlich modernisiert; seit 1770 war auch für adlige Aspiranten mit guten Konnexionen die niveauvolle Prüfung vor der Ober-Examinationskommission nicht mehr zu umgehen (Straubel). Die Rolle der Protektion nahm praktisch ab; der Adel wurde nicht prinzipiell bevorzugt. Das stärkte den Korpsgeist der Amtsträger, nicht aber die Obödienz der Staatsregionen. Wurden die Distanzen zwischen dem brandenburgischen Residenzenraum und den preußischen Landschaften, zumal in der späteren Regierungszeit Friedrichs, nicht wieder größer?

Es gibt gute Gründe, die für diese These sprechen. Friedrich war immer geneigt, Adel und Landständen mehr Spielraum zu geben als sein drakonischer Vater. Dem Schutz des Bauernstandes, wirksam gegen das Adelsinteresse, Bauernstellen aufzusaugen, entsprach andererseits der Adelsschutz. Friedrich lehnte es ab, Adelsgüter aufzukaufen. Alles wurde versucht, um den Verlust von Rittergütern an Bürgerliche zu verhindern. Bei steigenden Güterpreisen, wachsender Bodenmobilität und Bodenverschuldung wurden seit 1770 in Schlesien, Brandenburg und Pommern „Landschaften“, d. h.

ritterschaftliche Kreditinstitute auf ständischer Basis mit Hilfe des Königs gegründet. Zudem belebten sich die ständischen Strukturen in den Landschaften, die auch im späteren 18. Jahrhundert nie nur Provinzen waren. Freilich hieß Lebendigkeit der Stände durchaus nicht dauernde Opposition: anders als der Frondeadel in Ostpreußen – ein Land, das Friedrich nach dem Siebenjährigen Krieg nie wieder betreten wollte! – gab es in Brandenburg enge Verzahnungen von ständischen Amtsträgern und Hofgesellschaft. Prinzliche Empfehlungen waren hier um 1780 nützlich bei ständischen Wahlen. In Brandenburg fanden wieder regelmäßig größere Ständetage statt, die in den Protokollbüchern als Landtage firmieren. Die Ständische Renaissance in Preußen setzte spätestens in den 1760er Jahren ein.

Nur scheinbar machen die neuen polnischen Annexionsgebiete, die mit der ersten Teilung Polens an den Staat kamen, eine Ausnahme von dieser Regel. Neuerdings wissen wir, daß auch in der Provinz, die nun „Westpreußen" genannt wurde und in der die neue preußische Verwaltung sich zur Umformung der Strukturen anschickte, die tiefverwurzelten Traditionen adelsständischer Autonomie durchaus nicht von heute auf morgen ausgerottet werden konnten. Nach 1772 zunächst auf konspirativem Niveau, aber schon nach wenigen Jahren um einiges offener, hat der Adel der eben noch polnischen Gebiete kollektiv agiert, unter der Firma der „Stände" bestimmter Kreise, bisweilen aber auch im Rahmen der doch offiziell eigentlich obsoleten Woiwodschaften, schließlich bald nach 1780 mit Bevollmächtigten „der Wohllöblichen West-Preußischen Stände". Trotz des traditionsschwächenden Schnitts, wie er mit der Annexion von 1772 verbunden war, blieben selbst hier Elemente adelsständischer Partizipation und Interessenwahrung erhalten. In Ostpreußen hat die Revitalisierung der ständischen Traditionen etwa seit 1760 dann auch starke nicht-adlige Gruppen der Landbevölkerung eingeschlossen. In denjenigen Teilen des preußischen Staates, die in die ostmitteleuropäischen Regionen besonders verzahnt waren, sind massive Bestrebungen ständischer Landesmodernisierung eine besonders typische Erscheinung. Aber auch in Kleve, der Grafschaft Mark und im Fürstentum Minden haben die Stände Einfluß auf die provinziale Gesetzgebung genommen; der Freiherr vom Stein, aus reichsritterschaftlichem Milieu stammend und zunächst in der Kameralverwaltung der preußischen Westgebiete tätig, hat dies aus jungen Amtsjahren kräftig bezeugt. Selbst dort, wo vom alten ständischen Steuerbewilligungsrecht, das in Kleve-Mark, wenn auch stark reduziert, erhalten geblieben war, keine Restbestände mehr existierten, sind die im 16. Jahrhundert entstandenen korporativen Landesorgane als ein Rückhalt regionaler Autonomie bedeutsam geblieben. Das gilt sogar für die brandenburgischen Stände und ihre „Landschaft".

„Aufgeklärter Absolutismus" und alteuropäische Traditionen vereinten sich auf spezifische Weise im friderizianischen Preußen. Deutlich wird das auf dem Feld der Justizreformen, also dem stärksten Exempel für Wirkungen von Aufklärungsprogrammen in der preußischen Praxis. Sowohl an der Justiz- (bzw. Gerichts-)Reform der Zeit um 1750, die mit dem Namen des Großkanzlers von Cocceji verknüpft ist, als auch bei dem neuen Anlauf der 1780er und 1790er Jahre sind ständische Deputierte beteiligt worden. Friedrich II. hat die Zusammenarbeit mit den Ständen gerade auf diesem Felde immer gesucht und es schmerzlich empfunden, wenn er in seinen Ländern zu bestimmten Zeiten nicht sogleich landständische Ansprechpartner fand. Seit den 1740er Jahren beabsichtigte er, die „Privilegia" der „Provintzen" sammeln und zur Grundlage besonderer Provinzialrechte machen zu lassen (nach ostpreußischen Akten). Jahrhundertealte Traditionen ständischer Mitwirkung an der Landesordnung, allenfalls regional abgeschwächt in der Zeit Friedrich Wilhelms I., lebten auf unter Friedrich dem Großen. Nach 1780 wurde die Kodifikationsarbeit entschlossen aufgenommen, wobei die Abfassung eines nur subsidiarisch geltenden Allgemeinen Gesetzbuches erst allmählich mehr und mehr ins Zentrum der Bemühungen trat (P. Krause). Noch unter Friedrich sind Ständedeputierte für die Kodifikationsarbeit gewählt worden. Auf dem Weg zum Allgemeinen Landrecht für die preußischen Staaten (1794), der großen Rechtskodifikation seit der spätfriderizianischen Zeit, nahmen die Stände auf die von Staatsjuristen geleitete Arbeit „erhebliche(n) Einfluß" (Schwennicke). Die Erinnerung daran blieb auch nach diesen Arbeiten lange lebendig in den Ländern: die Erinnerung, doch schon immer an der preußischen „Gesetzgebung“ beteiligt gewesen zu sein. Das wurde zum politischen Argument – im 19. Jahrhundert. Die Mobilisierung der Stände in der zweiten Hälfte des 18. Jahrhunderts wirkte schon in eine neue Epoche hinüber.

Nicht nur die immer wieder erstaunlich engen Grenzen administrativer Tätigkeit im alten Preußen unterschieden aber das 18. vom 19. Jahrhundert; wirkungsstark war der altpreußische Staat überall da, wo der Militär- und Merkantilstaat ganz unmittelbar betroffen war. Hier war preußische Staatstätigkeit – in den Wirkungsgrenzen Alteuropas – effizient, ablesbar z. B. an Siedlungserfolgen und am Staatsschatz. Freilich: Das Feld wirtschaftsfördernder Tätigkeit, das Friedrich II. auf gewerblichem Gebiete besonders pflegte, nämlich die Seidenproduktion, blieb stets angewiesen auf königliche Protektion, was nach 1786 sofort in Krisenerscheinungen sehr deutlich wurde. Beeindruckende Siedlungserfolge erreichte der König und seine Administration in der östlichen Mark Brandenburg, an Oder und Warthe, außerdem in Schlesien. Die Schwerpunkte der friderizianischen Siedlungspolitik lagen in den mittleren Provinzen, nicht mehr an der Staatsperipherie, in Ostpreußen. Die Staatsaktivität auf kameralistischem Gebiet war wirksam in regionaler Konzentration. Die Manufakturförderung, soweit sie außerhalb des Schwerpunktraumes um Berlin und überhaupt in der Mittelmark tätig wurde, verfehlte oft nachhaltige Wirkungen. Überhaupt: Staatsbildung war im alten Preußen selektiv, in anderen später gleichfalls „öffentlichen“ Feldern administrativer Tätigkeit kontrastierten lauter Omnipotenzanspruch mit dem alltäglich-praktischen Omnipotenzverzicht. Gerade da, wo der „aufgeklärte“ Absolutismus sich gut hätte erweisen können, etwa im niederen (Massen-)Bildungswesen, wurde in Preußen – ganz im Unterschied zum katholischen Deutschland! – darauf verzichtet. Schulsachen gehörten noch nicht auf den preußischen Staatsetat. „Von der Verfassung der Universitäten ... hatte der König keinen richtigen Begrif, denn der wird nicht zu den nöthigen Kenntnissen eines künftigen Regenten gerechnet“, so verlautet aus intimer Berliner Quelle (Büsching 1788). Die Kirchenmaterien verblieben in der Gewalt z. B. der adligen Patronatsherren, kaum wirksam überblickt von den z. T. jahrhundertealten Konsistorien. Die Gesellschaft der Aufklärer war gut vernetzt und doch sehr exklusiv, sogar in Berlin beschränkt auf wenige Viertel und Gassen. Friedrich Nicolais Buchhandlung, in Sichtweite des Schlosses, die Berlinische Monatsschrift (seit 1783), in der auch Kant und als Vertreter der jüdischen Aufklärung Moses Mendelssohn publizierten: Das waren kulturelle Leuchttürme in einer Umgebung, in der nicht einmal die Vulgäraufklärung, eher schon Vulgärpietismus und Orthodoxie, bisweilen gar traditionale Volksreligiosität das Weltbild und Handeln der Menschen bestimmten. Gar gefährlich war es, auf Berliner Straßen als „Aufklärer“ erkannt zu werden. Immerhin fanden Freimaurerlogen recht unterschiedlichen sozialen Profils einigen Zulauf, aber sie wirkten im Schatten der Arkanpraxis. Lesegesellschaften, vor allem in den Städten, gab es auch außerhalb Berlins. Ihre Verbreitung war unabhängig davon, ob der alte Monarch noch zu der Aufklärung oder der neue, nach 1786, gegen die Aufklärung stand. Aufklärung war in Preußen ein kultureller Prozeß, nicht allein, vielleicht nicht einmal primär „von oben“ induziert. Immerhin saßen aber im Oberkonsistorium um 1780/90 mehrheitlich aufgeklärte Theologen und Schulmänner. – Bei Kant studierten an der Königsberger Albertusuniversität Personen, die nach 1800 in der ostpreußischen Landespolitik einen guten Namen hatten. Kants intellektuelle „Fernwirkung“ muß freilich deutlich unterschieden werden von der unmittelbaren Rezeption und direkten Schülerschaft in seiner Epoche. Sehr bald, und noch zu Lebzeiten, machte die neuere Philosophie des Deutschen Idealismus den Kritiken Kants mächtige Konkurrenz. Die Aufklärer in Preußen waren keine homogene Gruppe.

Wenn wir von „aufgeklärtem Absolutismus“ im Preußen des 18. Jahrhunderts sprechen wollen, so bietet es sich an, darunter die Tendenz zur Rationalisierung der „historisch überkommenen Institutionen“ (Sellin) und Strukturen zu verstehen. Die Geschichtswissenschaft hat gerade am preußischen Beispiel den (aus der Mitte des 19. Jahrhunderts stammenden Begriff) des „aufgeklärten Absolutismus“ kritisch diskutiert; der Alternativvorschlag, vom „Reformabsolutismus“ zu sprechen, verweist freilich stark auf die Zeit vor 1740. Aufklärung im Sinne angewandter Ratio meinte: Steigerung der Effizienz des politischen Betriebs unter Abbau, unter Schwächung derjenigen Traditionen, die der neuen Zweckrationalität widersprachen. Freilich blieben die alteuropäisch-typischen Privilegienbestände im Prinzip ungebrochen. Wir leben im 18. Jahrhundert ja noch in vorrevolutionärer Zeit, und die Grenzen für die Durchsetzung staatlicher Intentionen waren gerade deshalb eng gesteckt. Privilegien blieben als starke Barrieren. Der Herrschaftsapparat der preußischen Könige, insgesamt einige hundert Mann im ganzen Staat, war zu umfassender Staatswirksamkeit noch gar nicht in der Lage. Auch deshalb haben wir es im alten Preußen mit sektoraler, mit selektiver Staatsbildung zu tun.

Praktische Ratio hieß aber auch, daß in der Außenpolitik alte Hemmungen fielen, daß die nackte Staatsräson zu neuen Taten schritt. Seit dem Siebenjährigen Krieg hatte sich Preußen, wie wir hörten, eng an Rußland angelehnt. Der russische Machtzuwachs im Südosten Europas, im Kampf gegen die Türken, schuf eine neue, nun russisch-österreichische Kriegsgefahr. Sie wurde entschärft, indem die gleichgewichtsstörenden Machtgewinne zulasten eines wehrlosen Vierten ausgeglichen wurden. Friedrich II. hatte schon seit Kronprinzentagen ein begehrliches Auge auf dasjenige Preußen geworfen, das seit der Mitte des 15. Jahrhunderts unter polnischer Hoheit stand, das spätere Westpreußen. Die ältere preußische Historiographie hat den initialen Anteil Friedrichs II. am nun anhebenden Teilungsgeschäft anerkannt und deutlich herausgearbeitet (G. B. Volz). Gewiß ging es 1771/72 auch darum, einen neuerlichen „Weltkrieg" zu verhindern. Ganz präzedenzlos stand die erste Teilung Polens nicht da im Europa der aufgeklärt-rationalistischen Gleichgewichts-Diplomatie. Und doch brachte der Annexionsakt von 1772 mit Westpreußen (ohne Danzig) und dem Netzedistrikt im „Verzicht auf die legitimitätsstiftende Orientierung an der Vergangenheit" (L. Schilling) eine Verschärfung der staatsrationalen Praxis preußischer Politik hervor. Wenn es richtig ist, daß Großmacht war, wer an solchen Landverteilungen teilnahm (v. Aretin), dann war Preußen jetzt – seit 1772 – eine große Macht. Freilich hatte Friedrich II. an diesem Status zeit seines Lebens erhebliche Zweifel, formuliert in drastisch-zynischen Wendungen. – In der mitteleuropäischen Politik folgte in den letzten Regierungsjahren Friedrichs allerdings eine Rückkehr in eher konservative Bahnen. Mit der Gründung des deutschen Fürstenbundes unter preußischer Führung ging es ihm um die Einhegung österreichischer Spielräume im Alten Reich. Dem österreichischen Machtzuwachs war Friedrich in seinem letzten Feldzug 1778/79 (Bayerischer Erbfolgekrieg) entgegengetreten. Gewiß, die eigene Partei im Reich war Instrument preußischer Politik, und doch fällt auf, daß in diesen Jahren in internen preußischen Akten ungewöhnlich viel vom alten Reichsrecht und den deutschen Freiheiten die Rede ist. Dies gehört zum Hintergrund preußischer Reichspolitik, die sich seit Juli 1785 auf den „Fürstenbund" stützte. Nie hat der Traditionsspötter Friedrich das Alte Reich höher geschätzt als in seinen letzten Jahren. Und so begegnet uns auf der mächtepolitischen Bühne erneut jenes eigentümlich preußische Nebeneinander von partieller Modernität und tiefem Traditionsbezug.

3. Strukturverfall und partielle Modernisierung

Schon in spätfriderizianischer Zeit mehrten sich die Zeichen des Formverfalls, Indiz dafür, daß die politischen Strukturen altpreußischen Zuschnitts nicht mehr die Kapazitäten besaßen, um die neuen Probleme zu lösen. In dieser Hinsicht stellt die relative dynastische Zäsur des Jahres 1786, der Tod Friedrichs des Großen nach rund 46 Regierungsjahren, freilich keine zureichende Erklärung dar. Strukturelle und persönliche Faktoren überlappen sich auch hier. Seit 1772 waren ganz neue, nicht zuletzt ethnische und konfessionelle Integrationslasten zu tragen, seit den Teilungen Polens von 1793 und 1795 in einem Ausmaße, das deutlich über die preußischen Kräfte ging. Gerade in den früher polnischen Gebieten häuften sich unter den preußischen Amtsträgern massiv korruptive Phänomene. Dieser größere Staat war aus dem Kabinett schon nicht mehr zu regieren und zu kontrollieren. – Erste Aufstandswellen, vor allem in Schlesien, setzten in den späteren sechziger Jahren ein und pflanzten sich nach 1790, bisweilen aufgeladen von französischen Vorbildern, freilich ohne antimonarchische Stoßrichtung, fort. Die Armee hatte, evidenterweise, schon um 1779/80 nicht mehr die frühere Qualität.

Über dem Herrscherwechsel vom Sommer 1786 lag eine Mischung von Krisenstimmung und freudiger Erwartung, im Kreise der höheren Stände, selbst am Hof, in der Verwaltung und im Offizierskorps wohl auch so etwas wie Erleichterung. Friedrich hatte die preußische Monarchie naturrechtlich-weltlich legitimiert, er hatte in den Jahrzehnten immer wieder mit gefährlicher Unbefangenheit die Staatsformen zur Diskussion – auch zur Disposition? – gestellt. War aber einmal die Sakralqualität des Gottesgnadentums in Zweifel gezogen, wie war dann die alte Gewißheit monarchischer Herrschaft zu stabilisieren? Und hieß Volksaufklärung nicht Schüren der Volksrevolution? Darüber wurde in Preußen schon vor 1789 heftig diskutiert.

Der neue König Friedrich Wilhelm II. war schon in Kronprinzentagen mit Personen in Kontakt gekommen, die auf diese Fragen Antworten zu geben suchten, Personen im Umkreis religiöser Zirkel, die die Stabilisierung des traditionalen Weltbildes sehr wohl mit umfassenden Reformen zu verbinden suchten, und das seit langem. Johann Christoph Woellner, einer von ihnen, war ein entschiedener Antirevolutionär, aber seit den sechziger Jahren ein Propagandist von Bauernrechten und Agrarreformen. Sein „Religionsedikt“ von 1788 kämpfte gegen „den äusserst mißbrauchten Namen: Aufklärung“ und war jenseits lutherischer Glaubensstrenge doch ein ausgesprochenes Toleranzdekret. Seit 1786 stand die – freilich wirkungsschwache – Politik dieses Personenkreises um den neuen König unter dem still-konsequenten Programm einer Krisenprävention, die man freilich nicht auf die französische Herausforderung allein beziehen darf.

Denn gerade die Teilnahme Preußens am militärischen Kampf gegen die französische Revolution war im Staat im allgemeinen und in der persönlichen Umgebung des Königs im besonderen recht umstritten, ja unpopulär, und das aus verschiedenen Gründen. War man überhaupt für die Teilnahme am Ersten Koalitionskrieg gegen Frankreich (seit 1792), so wegen eines konventionellen Motivs territorialer Akquisitionen. Aber waren diese gerade jetzt nicht in ganz anderem Ausmaß möglich durch Annexionen im Osten? Wenn auch mit der Annäherung zwischen Preußen und Österreich (Konvention von Reichenbach, 27. Juli 1790) und dem Ende der Fürstenbundspolitik ein Halbjahrhundert ostmitteleuropäischer und deutscher Spannungen zu Ende zu gehen schien, so blieb doch dieses Bündnis ein fragiles. Die antirevolutionäre Ideologie war nicht Hauptmotor des Kampfes und also auch nicht tragfähige Basis preußischer Politik. Selbst am Hof gab es viele, die die französische Revolution zunächst begrüßt hatten.

Die preußischen Interessen im Osten gewannen sehr bald das Übergewicht; die schon katastrophalen Erschöpfungserscheinungen der preußischen Staatskräfte erzwangen einen Sonderweg in revolutionären Zeiten. Er wurde von Hof- und Militärfraktionen erzwungen: gegen den König. In Basel wurden mit den Franzosen Sonderverhandlungen geführt, zuletzt von dem gerade in preußische Dienste getretenen Carl August Freiherr von Hardenberg. Mit Frankreich erzielte er die Übereinkunft, daß Preußen die nördliche Hälfte des Heiligen Römischen Reiches mitten im Krieg neutralisierte und faktisch unter sein Protektorat stellte. Für die Abtretung der alten linksrheinischen Besitzungen wurden insgeheim rechtsrheinische Entschädigungen avisiert, die dann nach 1802/3 in nordwestdeutschen Bistumslanden realisiert worden sind. Preußens Neutralitätspolitik nach Basel (5. April/17. Mai 1795) führte in eine Phase der diplomatischen Schwankungen und der Isolation, die schon zu den unmittelbaren Voraussetzungen der Katastrophe des Herbstes 1806 gehört.

Der Gewinn im Osten – seit 1795 sollte Warschau eine untergeordnete provinziale Verwaltungsstadt Preußens sein! – wurde teuer erkauft und bitter erkämpft. Der polnische Aufstand von 1794 verwies auf bis 1806 ganz unlösbare Probleme der Integration. Seit 1795 war Preußen „ein Reich, teils polnisch, teils deutsch“ mit zwei

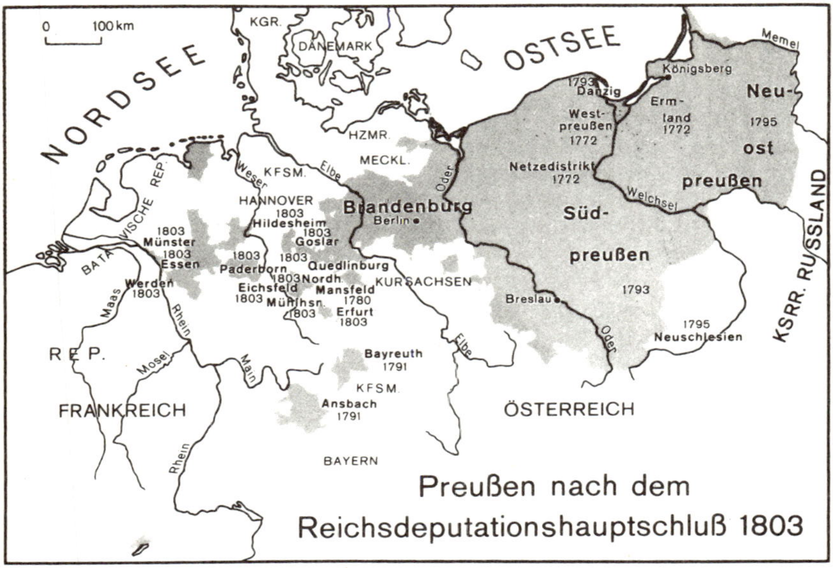

Preußen nach dem Reichsdeputationshauptschluß 1803

Millionen neuer Einwohner (v. d. Goltz). Der preußische Staatsschatz, von Friedrich Wilhelm II. mit rund zwei Jahresetats, d. h. über 50 Millionen Talern übernommen, war nun nicht nur erschöpft. Ein hoher Schuldenstand wurde im November 1797 dem Nachfolger, Friedrich Wilhelm III., übergeben, nicht allein Ergebnis der Politik, sondern auch einer freigiebigeren Staatskultur, die das Gesicht der Residenzen in den neunziger Jahren des 18. Jahrhunderts veränderte.

Stark vergrößert und doch angeschlagen ging der preußische Staat in das 19. Jahrhundert. War das „alte Preußen" reformierbar? Die Notwendigkeit war vor und nach 1797 erkannt worden. Kommissionen wurden eingesetzt für eine Reform des Staates. Ansätze einer Verwaltungsreform, zur Trennung von Justiz und Verwaltung, hat es schon vor 1806 gegeben; noch blieben sie am Rande, auf der Ebene einiger Provinzen. Die Armee blieb um 1800 im hohen Grade immobil. Der 1770 geborene König Friedrich Wilhelm III., unsicher und wenig geschäftserfahren, dominiert von den „Räten" seines Kabinetts, ließ frühe Reformansätze zu, ohne ihnen Energie zu geben. – Ein schlichter König in bewegter Zeit.

Staatliche Reformen auf dem Felde der Wirtschaft und der Sozialverfassung erreichten schon vor 1806 immerhin beachtliche Effekte. Bevölkerungs- und Städtewachstum, der Aufschwung der Manufakturproduktion lockerten längst ständisch-zünftische Strukturen. Der Merkantilismus hatte schon am Ende des 18. Jahrhunderts der späteren Gewerbefreiheit vorgearbeitet (C. Wischermann). Aber es gab auch Wandlungstendenzen jenseits staatlicher Tätigkeit. Bereits in dieser Zeit gab es auch auf dem Lande ein soziales Problem. Das Unterschichtenwachstum ließ Zahl und Anteil von Personengruppen, die über wenig oder gar kein Land verfügten, signifikant ansteigen. Seit der Mitte des 18. Jahrhunderts, besonders im letzten Jahrhundertdrittel, wurden die landwirtschaftlichen Produktionsmethoden moderner, das Land wurde neu separiert. Städtische und europäische, westeuropäisch-englische Nachfrage, insbesondere nach preußischem und polnischem Getreide, die neuen großen Gewinnspannen, ja Kapitalströme hatten längst tiefgreifende Wirkungen auf Landwirtschaft und Sozialverfassung freigesetzt. Der Kartoffelanbau und der Übergang zur Stallfütterung sind nur Einzelaspekte dieses Prozesses. Aber für diese neuen Wirtschaftsweisen waren die alten Fronpflichten der Bauern wenig rentabel. Für die Gutsherren wurden Agrarreformen sinnvoll, da nützlich. Auf den Domänen wurden die Naturaldienstpflichten der Bauern ab 1799 aufgehoben, das Besitzrecht der Bauern wurde verbessert, und das in zehntausenden von Fällen. Aber Reformen waren nicht nur staatlich initiierte Reformen. Daneben gab es eine noch nicht dominante, aber auch nicht mehr periphere Reformbewegung unter gut kalkulierenden (z. T. politisch sehr konservativen) Landadligen, die es vorteilhaft fanden, mitunter sehr umfassende Gutsreformen bis hin zu Bauernbefreiungen im kleinen auf eigene Faust in ihrem kleinen Reich zu betreiben. Und schließlich war es gar nicht nötig im alten Preußen, daß Wandel und stille Modernisierung immer organisiert werden mußten. Bauerngemeinden, die von Marktlage und Konjunktur so profitierten, vergrößerten ihre Spielräume, nutzten sie, reduzierten Lasten, kauften sie ab, erwarben vom Gutsherrn das Eigentum an ihren Höfen, manchmal gleich mit der Gerichtsbarkeit. Die adligen Gutsherrschaften waren flexibler als die unter der Verwaltung stehenden, wenn auch verpachteten Domänengüter. Es kam schon vor, daß Bauern das Rittergut kauften, unter Wegfall der alten, sie belastenden Herrenrechte. Da das mit Gesetzen kollidierte, geschah es im Stillen. In den Städten wuchs das Interesse an kommunaler Partizipation. Bildungsreformen – vor Wilhelm von Humboldt – in Stadt und Land, getragen von Bürgern, Adligen und Geistlichen, lockerten den Boden für die kommende Moderne. Die neueste Forschung hat das Bild vom Alten Preußen, zumal in seiner späten Phase, deutlich verändert. Wir sehen heute Preußen nicht nur weniger monolithisch, vielleicht gar weniger statisch und „staatlich", wir sehen es nun regionalistischer, weit weniger als Verband von „Untertanen"; wir finden im Alten Preußen stille Widerständigkeit und traditionsgestützte, auch revitalisierbare Partizipation. Gerade ganz im Osten forderten schon 1798 die Landstände preußische Reformen. Und wir sehen eine strukturelle, beileibe nicht (nur) vom Staat getriebene Dynamik, die die Brücke schlug vom alten Preußen zum 19. Jahrhundert.

V. Reform – Spätabsolutismus – Revolution 1806/7 bis 1848/50

1. Reform – Partizipation – gesellschaftlicher Wandel

Nach Monaten, ja Jahren des Schwankens, zuletzt dann doch als Alliierter Napoleons, hat Preußen mit der plötzlichen Wendung gegen Napoleon im Sommer 1806 einen militärischen Konflikt herbeigeführt, auf den es in keiner Weise vorbereitet war. Mit der Armee wurde aber gerade dasjenige Staatsorgan des Alten Preußen einer Probe auf Leben und Tod ausgesetzt, das nur ganz am Rande von Reformströmungen berührt, also kaum modernisiert worden war. Das Führungskorps der preußischen Armee war stark überaltert: Von 244 hohen und höheren Offizieren waren 166 über 60, die Hälfte gar über 65 Jahre alt. Das Offizierskorps hat die Probe des Feldzuges von 1806 nicht bestanden. Und Preußen stand ziemlich allein: Nur Sachsen und Sachsen-Weimar fochten auf preußischer Seite. Bei Jena und Auerstedt fiel am 14. Oktober die Entscheidung. Aus Rückzug wurde Flucht. Feste Plätze ergaben sich kampflos dem Feind. Hof und Minister flohen nach Osten. Große Teile der polnischen Teilungsgebiete fielen vom preußischen Staate ab. – In Anlehnung an Rußland wurde in Ostpreußen der Kampf 1807 noch einmal aufgenommen, anfangs mit Erfolgen, dann mit neuerlichen Niederlagen. – Es ist nicht richtig, daß Rußland in den Verhandlungen vom Juni/Juli 1807 Preußen vor der Vernichtung bewahrt hätte (mit Ilja Mieck). Napoleon beabsichtigte tatsächlich gar nicht, Preußen gleichsam aufzulösen. Gespräche der Königin Luise mit Napoleon waren – entgegen allen Legenden – bedeutungslos. Verloren wurden (außer großen Teilen der polnischen Provinzen) alle die Länder, die westlich der Elbe lagen. Zur Gebietsreduktion um die Hälfte kamen für den Reststaat mit insgesamt 4,5 Millionen Einwohnern in späteren Verhandlungen hohe französische Kontributionsforderungen, die Begrenzung der preußischen Truppenzahl auf 42 000 Mann und Eingriffe Napoleons in die Personal-

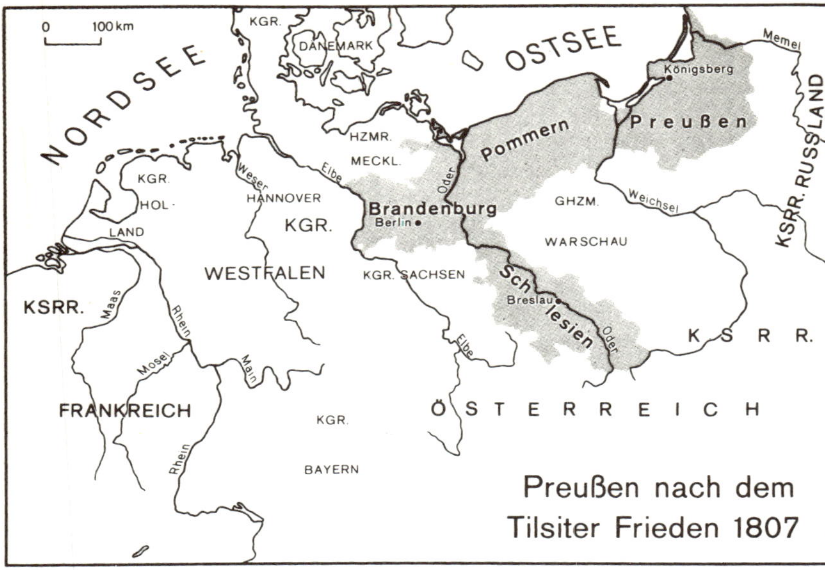

politik des preußischen Königs (Entlassung Hardenbergs). Fünf preußische Festungen blieben von französischen Truppen vorerst besetzt.

Das waren die äußeren Bedingungen für die Staatsreform der Jahre ab 1807. Die Reform nahm zunächst wie selbstverständlich ihren Ausgang von der östlichsten Region des Staates, erst Ende 1809 wurde der Hof wieder nach Berlin verlegt, und wenn auch der Freiherr vom Stein nach ungnädiger Entlassung im Januar nun am 4. Oktober 1807 neuerlich, und zwar zur „Leitung aller Zivilangelegenheiten" berufen wurde, so war gerade in der ersten Reformphase der Einfluß ost- und westpreußischen Führungspersonals besonders groß. So wirkten sich Wandlungsimpulse der ostmitteleuropäischen Regionen Preußens nun auf den Gesamtstaat aus.

Die preußischen Reformen sind nur als ein Gesamtes zu verstehen, nicht als additive Summe von Einzelmaßnahmen. In großen, programmatischen Reformdenkschriften vom Spätsommer 1807 haben führende Köpfe der Reform, z. B. Hardenberg und Altenstein, auf das Prinzipielle der Situation hingewiesen. Es gehe darum, so ihre Argumentation, der Revolution, wie sie in Gestalt Napoleons auftrat, mit Reformen entgegenzutreten, dafür die schlummernden Kräfte zu wecken und „das Veraltete, Abgestorbene" wegzuschaffen, ja selbst eine „Revolution" im Innern, freilich „mit Ordnung" durchzuführen. Die „Nation" müsse gebildet werden (Altenstein). Hardenberg ging es ganz ähnlich um eine „Revolution im guten Sinn", um die „Veredelung der Menschheit", um „Demokratische Grundsätze in einer monarchischen Regierung", um „möglichste Freiheit und Gleichheit" (12. September 1807). Es ist der programmatische Gesamtansatz, der in seinen Prinzipien die einzelnen Reformmaßnahmen verklammerte, durch den sich die staatlichen Reformansätze vor und nach Jena ganz wesentlich unterscheiden. Gneisenau (neben Scharnhorst und Boyen ein Vordenker der Militärreorganisation) hat z. B. die notwendige Verbindung, die Einheit der Reform mit Logik hergeleitet: Die akute Lebensgefahr für Preußen unter dem Druck Napoleons sei nur dann abzuwenden, wenn alle bisher von der Regierung teils vernachlässigten, teils gar „gefürchteten" „Widerstandskräfte" mobilisiert würden, und zwar durch „Volksbewaffnungen". „Die Gemüter", so meinte der Oberstleutnant im August des Jahres 1808, „sind hierzu großenteils reif; die unschlüssigen und lauen müssen durch ein kräftiges Wollen der Regierung auf die Stufe des Gemeinsinns gehoben werden". Sollen die „Völker" aber das Vaterland verteidigen, so müsse man ihnen erst einmal ein Vaterland geben. Gneisenau sah, daß eine Militärreform auf die Staatsreform angewiesen sei: „Eine freie Verfassung und eine einfacher geordnete Verwaltung werden es ihnen wünschenswert machen" zu kämpfen. „Eine gute, vom Throne ausgehende, von anderen Völkern beneidete Konstitution wird die Anhänglichkeit an den Regenten vermehren ...". Eine neue Städteordnung solle die Preußen über die Güte des Staats belehren. – Das ganze Reformprogramm war im weitesten Sinne politische Pädagogik, entschieden hinausgehend über die in der Praxis doch nur punktuellen Maßnahmen eines Wilhelm von Humboldt (Universitätsgründung Berlin, 1810).

Das war das Ideal, vielleicht eine Ideologie der Staatsverjüngung. Das altpreußische Heer des Kantonsystems war darin ganz unmöglich. Das geburtsständische Strukturprinzip stand dem Grundgedanken des Volks-Krieges im Wege. Die alten „stehenden Heere" mit ihren Exemtionen hatten ja gerade den „Gemeinsinn zerstört". Auslandswerbung war unter den gegebenen Bedingungen im napoleonischen Deutschland sowieso ausgeschlossen. An die Stelle des fast rein adligen Offizierskorps mußte nun eines treten, das auch Bürgerlichen offenstand: Wie anders war es sonst möglich, alle Kräfte des Volkes zu wecken? Sollte aber die „Nation" zum Kampf motiviert werden, waren die alten, z. T. drakonischen Strafmethoden geradezu schädlich. An das Ehrgefühl des Einzelnen wurde jetzt appelliert, dafür bedurfte es neuer Führungstechniken, also anderer „Kriegsartikel". Man sprach von der „Freiheit der Rükken". Das alles zielte schon auf das Heer der allgemeinen Wehrpflicht, das Volksheer, wenn dieses auch erst 1813/14 in der neuen Lage des antifranzösischen Befreiungskriegs auch nach außen hin offen proklamiert werden konnte mit Landwehr-Verordnung (1813) und Dienstpflichtgesetz (3. September 1814). Damit trat dann 1813 die alte Kantonverfassung außer Kraft.

Exemtionen und ständische Schranken fielen, nicht nur in der Militärverfassung. Das Oktoberedikt (9. Oktober 1807) hob ja nicht nur zum Martinitag des Jahres 1810 „alle Guts-Unterthänigkeit in Unsern sämmtlichen Staaten auf". Zugleich fielen alle Schranken, die dem Adel bislang das Engagement in „bürgerlichen Gewerbe(n)" verwehrt hatten. Ursprünglich nur für Ost- und Westpreußen bestimmt, wurde kurz vor seiner Publikation das Edikt auf alle preußischen „Staaten" (!) ausgedehnt. Die Ablösung der materiellen Verpflichtungen vom Bauernland hat Preußen nach 1811/16 noch lange beschäftigt. Die allgemeine Gewerbefreiheit (1810/11) schuf Ansätze zur weiteren Modernisierung des städtischen Wirtschaftslebens.

Mit der Freiheit des Bodenverkehrs war es nun jedermann gestattet, adlige Güter zu erwerben. Damit aber fiel ein noch immer gültiges Kriterium für altständische Partizipation. Denn bisher besaß das Standschaftsrecht ja nicht, wer ein adliges Prädikat tragen durfte, sondern nur, wer entsprechend rechtlich qualifizierten Grundbesitz, Rittergutsbesitz, sein Eigen nannte. Zwar hatten die Stände im Osten schon 1798 auch bürgerliche Gutsbesitzer in ihre Reihen aufnehmen wollen, aber das war von Berlin aus noch verhindert worden. Nun stellte sich also mit den ersten Anfängen der Agrarreform sofort die Frage nach dem Wandel der (landschaftlich verschiedenen) Partizipationsstrukturen, wie auch Militärexemtionen nicht mehr vom Gutsbesitz abhängig sein konnten! Dem Freiherrn vom Stein war es ganz besonders um diesen Komplex zu tun: die Beteiligung der Eigentümer auf verschiedenen Ebenen am politischen Leben des Staates. Die Städteordnung faßt Impulse seines Programms und der Städtischen Renaissance in Ost- und Westpreußen um 1800 zusammen. Aber nach dem Freiherrn vom Stein sollten Ständevertreter künftig auch in der Staatsverwaltung selbst Sitz und Stimme haben, nicht in den neuen reinen Ressortministerien, die an die Stelle des regionalistischen Generaldirektoriums traten, sondern in den reformierten neuen „Regierungen“ in den Provinzen. Dazu ist es im Osten nur kurz, in den meisten Provinzen gar nicht gekommen. Auch nach dem von Napoleon erzwungenen Sturz Steins Ende 1808 blieb das Thema hochbrisant und aktuell. Hardenberg hat als Staatskanzler seit 1810 den Zusammenhang von Verfassungs-, Finanz- und Gewerbepolitik klar erkannt. Seine Reformpolitik einer – wie wir hörten – „Revolution im guten Sinn“ war im Ansatz entschiedener als diejenige Steins. Freilich hat Hardenbergs Schroffheit, man mag es Modernität nennen, um so mehr Widerstände geweckt, sei es, wenn er im Effekt vergeblich die adelsständische Mitwirkung an der Kreisverwaltung beseitigen wollte (Gendarmerie-Edikt, 30. Juli 1812), oder auch mit seinen Steuer- und Repräsentationsprojekten. Diese sollten nicht mehr nach ständisch-korporativen Prinzipien verwirklicht werden und die alten Stände gleichsam überspielen. Hardenberg konnte von oben herab erst (1811) „Notabeln“ einberufen, dann 1812 gewählte Nationalrepräsentanten in Berlin zusammentreten lassen, die bis 1815 tagten. Aber nicht nur, daß die Stände der Landschaften bzw. Provinzen sehr wohl in diese neuen Gremien hineinzuwirken wußten; in Ständearchiven finden sich die Abschriften der Berliner Protokolle samt intimer Korrespondenzen. Im Kampf gegen Hardenbergs Reformetatismus organisierten sich die alten Stände neu, wurden stärker denn je, verwurzelt in den Ländern, deren Interessen sie gegenüber dem Staatskanzler vertraten. Entgegen dem Programm einer staatsorganisierten, freilich dadurch auch gleich wieder reduzierten Partizipation blieb um 1810/20 das Prinzip der alten Stände lebendig, die kraft eigenen, kraft historischen Rechts und nicht von Staates Gnaden von den alten Regionen aus Mitsprache beanspruchten. Während die Stände der mittleren Provinzen – nach einigem Schwanken – dann in die Bahn eines praktischen Konservativismus einschwenkten, haben die Stände im Osten, die in Ostpreußen und dem preußischen Litauen, zur selben Zeit ihre Interessen mit konstitutionellem Wandel und (gewiß kontrollierter) Modernität verknüpft. Zwei Alternativen der Zukunft standen also gegeneinander im Reformpreußen des zweiten und dritten Jahrzehnts.

Die wiederholten staatlichen Zusagen, der zu besonderen Lasten herangezogenen „Nation eine zweckmäßig eingerichtete ... National=Repräsentation" zu geben (7. September 1811), mündete in die berühmte Ankündigung zur „Ausarbeitung einer Verfassungs=Urkunde" (22. Mai 1815) für ganz Preußen. Hardenberg hatte, zuletzt 1820, Einfluß genug, vom König zu derartigen Ankündigungen die Unterschrift zu erwirken. Aber seine Macht schwand, so daß 1823 nur neue Provinzialständegesetze, nicht eine Gesamtstaatsverfassung, gegeben wurden. Hatten gleich nach 1815 die alten Stände die Verfassungsankündigungen zu einem Instrument ihrer Politik gemacht, so erwuchs bis zur Revolution vom März 1848 mehr und mehr eine nun außerständische Opposition.

Reformiert und für kommende Krisen prädisponiert zugleich trat Preußen zunächst in eine neue Phase kriegerischer Prüfungen ein. Mit guten Gründen hat Friedrich Wilhelm III. allen Forderungen nach verfrühter Insurrektion widerstanden. Der Zeitgewinn zählte für Preußen und gegen Frankreich. Den für Napoleon verheerenden Rußlandfeldzug 1812 überstand das preußische Hilfskorps, ganz im Norden flankendeckend eingesetzt, im ganzen intakt. Die

Tat des Generals Yorck, der bei einiger Handlungsfreiheit diese preußischen Truppen neutralisierte, bereitete den Bündniswechsel vor; die ostpreußischen Stände begannen, von einer breiten patriotischen Bewegung getragen, eine Landwehr aufzustellen. Die in dikken Konvoluten erhaltenen Spendenakten beweisen, daß auch die Landbevölkerung von der neuen politischen Emotion auf breiter Front ergriffen worden ist. Scharnhorst, nach dessen schwerer Verwundung dann Gneisenau und Blücher, organisierten und führten im Kampf, in dem freilich 1813 und im Folgejahr während des Feldzugs in Frankreich sehr bald Differenzen wegen der Kriegsziele im Verhältnis zu den Verbündeten, Österreich und Rußland, auftraten. Auf dem Wiener Kongreß der Jahre 1814 und 1815 wurde vor allem um die Zukunft Sachsens und der polnischen Gebiete hart gerungen. Nur immerhin große Teile Sachsens (nahezu zwei Drittel des kursächsischen Gebiets mit der knappen Hälfte der Bevölkerung) fielen an Preußen, das nun eine von ihm so gar nicht angestrebte Westverschiebung erfuhr, bei nur teilweiser Rückgewinnung der bis 1806 beherrschten Länder aus den letzten Teilungen Polens. Die Gründung des vom österreichischen Staatskanzler Metternich konzipierten Deutschen Bundes und die Heilige Allianz aus Österreich, Rußland und Preußen stabilisierten die neue politische Ordnung auf christlich-konservativer Grundlage, nach über zwei Jahrzehnten nicht nur europaweiter Kriege. Der Deutsche Bund hat deutsche Einheits-Ideale der Befreiungskriegs-Generation freilich nicht erfüllen können. Die Souveränität lag bei den Einzelstaaten, die dem Bunde angehörten, Preußen übrigens nicht mit seinem ganzen Staatsgebiet. Die Ostprovinzen, auch die in den zwanziger Jahren geformte „Provinz Preußen“, blieb außerhalb des Deutschen Bundes.

Der seit dem Ende des Alten deutschen Reiches, also seit 1806, unbestrittenen Gesamtstaats-Souveränität ungeachtet, griff der Deutsche Bund unter Österreichs Hegemonie auch in die preußischen Staatsverhältnisse ein. Gerade dies stieß im preußischen Staatsministerium, dem neuen obersten kollegialen Regierungsorgan, auf Bedenken, nicht zuletzt bei dem Minister Wilhelm von Humboldt, der gegen die Karlsbader Beschlüsse von 1819 prote-

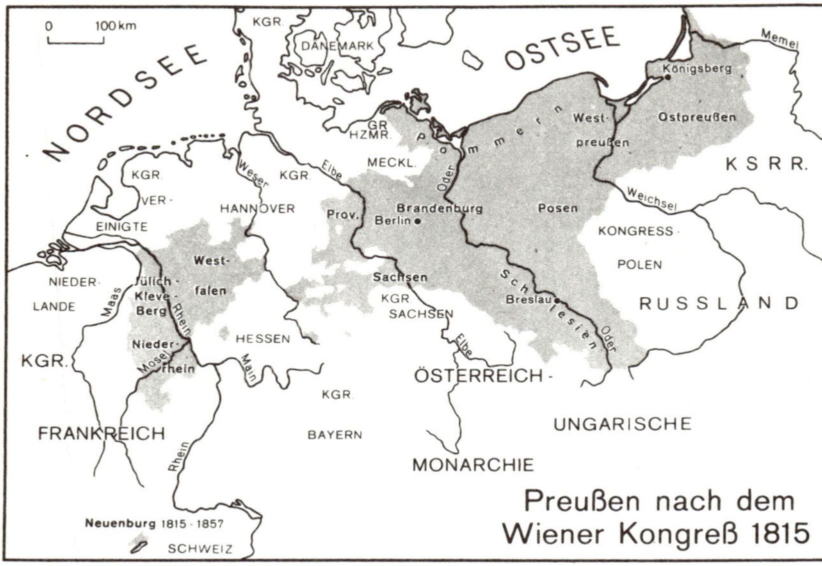

Preußen nach dem Wiener Kongreß 1815

stierte. Nach ihnen sollten Universitäten und Publizistik im Sinne der Revolutionsprävention konsequent überwacht werden. In der Praxis schritt die preußische Zensur gegen Opposition von links und rechts ein. Es ist richtig, daß sich Preußen etwa bei der Verfolgung von Burschenschaftlern besonders radikal gegeben hat – jedenfalls nach den noch vergleichsweise repressionsunerprobten Maßstäben des frühen 19. Jahrhunderts. Ernst Moritz Arndt, Professor an der jungen Bonner Universität, wurde alsbald (bei vollem Gehalt!) suspendiert und blieb es bis zum Sommer 1840. Freilich war die preußische Hochbürokratie im Vormärz gespalten. Im Innenministerium, auch im Hausministerium saßen die Exponenten der strikten Observanz. Altenstein als langjähriger Kultusminister hat in der Praxis aber vieles abgeschwächt, und der Justizapparat (jedenfalls unterhalb der Ministerialebene) betrieb auf dem Wege systematischer Begnadigungen eine Politik, die im Widerspruch stand zu der nach außen zur Schau getragenen Gefolgschaftstreue gegenüber dem österreichischen Staatskanzler Metternich. Das

Massenbildungswesen hat aber gerade in jenen konservativ-restaurativen Jahrzehnten in Preußen einen Modernisierungsschub erfahren. Die Schulbesuchsquote wurde nach oben gezwungen, auch mit Polizeimaßnahmen. Die systematisierte, seminaristische Lehrerbildung war der Hebel einer Entwicklung, die die Bevölkerung auf breiter Basis ergriff und im westeuropäischen und nordamerikanischen Ausland mit Staunen beobachtet wurde. Nur so ist die ungewöhnlich rasche Vollalphabetisierung der Preußen zu erklären.

Preußen wurde staatlicher in den Jahren und Jahrzehnten nach der Reform. Um die Reformen durchsetzen zu können, wurden alte Privilegien, aber auch Barrieren des Rechtsschutzes der Untertanen beseitigt und die Verwaltung nun stärker denn je. Aber die administrative Unifizierung (bis hinab auf die Kreisebene) und die Politik der Herrschaftsstabilisierung nach 1815/19 stand im Gegensatz zu neuerlich verstärktem Regionalismus. Schon die Westverschiebung Preußens in Folge des Wiener Kongresses, der erwähnte Erwerb sächsischer Gebiete, ferner Schwedisch-Vorpommerns, dann Teile des früheren „Südpreußen“ (Posen) – das alles schuf neue Integrationsprobleme und nicht zuletzt konfessionelle Inhomogenitäten. Das preußische Beamtenpersonal stieß gerade im Westen teils auf Aversionen, teils hat es diese noch verstärkt, und Analoges galt für das preußische Militär. Gerade auf konfessionellem Gebiet kam es dort in der Spätzeit Friedrich Wilhelms III. zu schweren Konflikten um die Frage der Mischehen.

Dahinter verbargen sich fortlebende europäische Regionalismen. Die katholische Kirche des preußischen Westens, bis 1806 sowohl Stütze des Alten Reiches als auch durch dieses Reichssystem geschützt, nahm nach 1806/15 den Weg in die Moderne auf dem Weg der Politisierung; in der Rheinprovinz lebten 72 % Katholiken. Eine alte „kaisernahe“ Landschaft des früheren Heiligen Römischen Reiches deutscher Nation war nicht ohne Probleme in einen protestantischen Militär- und reformierten Verwaltungsstaat zu überführen; im Osten wechselten liberale Phasen mit solchen früher Germanisierung und Konfrontation mit katholischer und polnischer Bevölkerung. Hinzu kamen im Rheinland die Erinnerungen an die Zeit der französischen Revolutionsherrschaft mit der Ideologie von Freiheit und Gleichheit. Um so mehr fanden politisch-oppositionelle Strömungen in diesen territorialen Neuakquisitionen einen günstigen Nährboden, vor allem unter den Wirtschaftsbürgern, die „Republikanismus" und Radikalismus in der Generation nach 1815 (noch) ablehnten.

Im Jahre 1816 zählte ganz Preußen 10,34 Millionen, 1840 15,1 Millionen Einwohner bei höherem Bevölkerungswachstum im Osten. Zu den Unterschichten wurden knapp 74 % gerechnet, darunter aber nur 272 000 „Industriearbeiter" und 54 000 Bergleute. Wandel und Stabilität standen nebeneinander – die Gleichzeitigkeit des Ungleichzeitigen in einem Preußen ohne Verfassung in gleichsam spätabsolutistischen Formen.

Nach schweren Krisen bis in die 1820er Jahre hatte sich der Agrar-Sektor seit 1827/28 und dann vor allem in den frühen dreißiger Jahren erholt. Das Gewerbe, mit der Aufhebung des Zunftzwanges seit 1810/11 und bei wirtschaftlicher Freizügigkeit für die Landbewohner, hatte zunächst noch die Folgen der Kontinentalsperre zu überwinden, mit der Napoleon den Kontinent vom englischen Wirtschaftsraum abgeschnitten hatte. Die alte Steuerverfassung, mit der Kontribution auf dem Lande und der städtischen Akzise, diese erhoben an den Stadttoren, hatte eine ökonomische Stadt-Land-Trennung zur Folge gehabt; viele Gewerbe waren auf dem Lande verboten gewesen. Diese innerpreußischen Wirtschaftsschranken fielen 1818; die von Preußen betriebene Zollvereinspolitik (1834) schuf günstige Exportbedingungen in einem großen Teil der (nicht-österreichischen) Bundesstaaten, zugleich keimhafte preußische Hegemonialpolitik und untergründiger Dualismus zur Habsburgermonarchie in der Zeit der Heiligen Allianz.

Schwerpunkte der frühindustriellen Entwicklung waren – schon seit dem ausgehenden 18. Jahrhundert – Oberschlesien mit erstem Dampfmaschineneinsatz seit 1788, ferner Berlin und Teile des Niederrheingebietes sowie Westfalens; in den anderen Provinzen blieb es bei der agrarischen Prägung. Vor allem der Eisenbahnbau seit den dreißiger Jahren hat den Aufschwung der Fabrikindustrie und die industrielle Entwicklung mit zunehmender Mechanisierung überhaupt befördert. Der Eisenbahnbau besaß einen „Multiplikatoreffekt“ für andere Gewerbe, für Kapitalbildung und Investitionen (Otto Büsch). Der Staat hat durch Zuschüsse, Patenthilfen, auch durch die Anwerbung von Spezialisten eingegriffen. Im Norden Berlins produzierte seit 1837 Borsig moderne Maschinen, seit 1841 auch Lokomotiven. Das anwachsende Proletariat, frühe Aufstände etwa in Aachen und Elberfeld, gehörten zu dieser sozioökonomischen Entwicklung, die – da extrem geographisch konzentriert – Preußen im Vormärz regionalisierte. Der Inlandsverbrauch in Preußen stieg von 1831 bis 1843 von 321 auf 460 Millionen Taler an. Insgesamt verlagerte sich das industrielle Gewicht vom Osten, wo die preußische Industrialisierung im schlesischen Raum zuerst ansprang, nun in den Westen. Gerade unter den Unternehmern des Rheinlandes wirkten die Erfahrungen der französischen Revolutionsfolgen in den dreißiger und vierziger Jahren des 19. Jahrhunderts kräftig nach. Die bürgerlichen Freiheits- und Gleichheitsideen stießen nach 1815 zusammen mit der neupreußisch-bürokratischen Wirklichkeit im Rheinland und in Westfalen. Enttäuschte Verfassungshoffnungen und die Demagogenverfolgungen nach 1819 schürten oppositionelle Haltungen gegen die Politik der Restauration.

Als Friedrich Wilhelm III. nach mehr als vier Regierungsjahrzehnten starb, hatte sich in Preußen vieles geändert, nicht aber die politische Grundstruktur eines konstitutionsfreien Königsregiments, wenn dieses auch in der Praxis primär in der Außenpolitik sein Betätigungsfeld fand, einer Außenpolitik der monarchischen Solidarität. Die Provinzialständegesetze von 1823/24 hatten versucht, die Ständische Renaissance der Vorjahrzehnte in bürokratischer Weise zurückzuschneiden, und damit war der Weg evolutionär-aristokratischen Wandels, wie er vor allem vom Osten her betrieben wurde, verstellt worden – verstellt durch die Herren an grünen Berliner Tischen. Würde der Regierungswechsel des Jahres 1840 ein Epochenwechsel sein? Das Bewußtsein der Zeitgenossen deutete auf Neues; ein seit langem aufgestautes „Gefühl der Bewegung" (Koselleck) brach sich Bahn, vor allem um 1840. Seit der Mitte der zwanziger Jahre waren nur wenige öffentliche Forderungen laut geworden, die an die noch ausstehende vollständige Verwirklichung der Verfassungs-Verordnung vom Mai 1815 erinnerten (S. Bahne). Der ost- und westpreußische Provinziallandtag hatte sich verschiedentlich mit verfassungspolitischen Materien befaßt. Ganz entgegen den Intentionen von Hof und Berliner Zentralbürokratie, waren diese Stände (nach wie vor) ein Transmissionsriemen ordnungspolitischer Diskussion, ganz im Osten und im Westen auch einer Diskussion um zukunftsoffenen politischen Wandel. Das war in Ost- und Westpreußen ein wichtiges Thema auch seit Mitte der zwanziger Jahre. Der westfälische Provinziallandtag hat bereits 1830/31 angesehene Adelsvertreter um eine Verfassung und eine preußische Gesamtstaatsvertretung kämpfen sehen. Im Rheinland hatten diese westfälischen Initiativen ihre Wirkung schon 1830 in einer Denkschrift des Kaufmanns David Hansemann, auf den Landtagen selbst dann seit 1843; 1834 hatte Hansemann eine aufsehenerregende Schrift (in Leipzig) veröffentlicht über „Preußen und Frankreich – staatswirthschaftlich und politisch, unter vorzügerlicher Berücksichtigung der Rheinprovinz". Der Königsberger Huldigungslandtag von 1840 hat erneut das große Thema von 1815 expressis verbis an den König herangetragen.

Friedrich Wilhelm IV., hochbegabt, war ein Mann von „Heftigkeit und Zerrissenheit" zwischen den Zeitaltern, ja zwischen romantisierender Mittelaltertradition und gegenwarts-transzendierender Moderne. Er wollte kontrollierten Verfassungswandel auf (alt-)ständischer Basis. In der deutschen Politik sollte so eng wie nur möglich die seit 1806 unterbrochene Reichstradition wieder aufgenommen werden. Das hieß für diesen Preußenkönig, daß die Kaiserkrone allein Habsburg zukommen könne!

Friedrich Wilhelm IV. hat sich nach 1840, als sich temporär gefährliche europäische Spannungen im Verhältnis zu Frankreich gezeigt hatten, in der Folgezeit, in Jahren äußerer Sicherheit und im Bündnis mit den alten Alliierten, auf die innere Entwicklung Preußens konzentriert. „Der Realisierung" seines „Staatsideals diente die seit 1840 konsequent betriebene Kompetenzerweiterung ständischer Vertretungskörperschaften" (Frank-Lothar Kroll), der Landtage, der Bildung „Vereinigter Ausschüsse", schließlich, nach langjährigen Vorberatungen und Vorbereitungen, die Berufung der provinzialen Landtagsabgeordneten sowie einer Herren-Kurie in Form des Vereinigten Landtages nach Berlin, mit Patenten vom 3. Februar 1847. Ausdrücklich lehnte der König aber noch bei dessen Eröffnung eine geschriebene Verfassungsurkunde für Preußen ab. Am Hofe ging schon diese Politik manchen zu weit, darunter insbesondere dem Bruder des Königs, dem Prinzen Wilhelm (später als König Wilhelm I.). Zudem kam äußerer Druck gegen die preußische Verfassungspolitik vom Zaren und von Metternich. Hingegen gab es selbst in der persönlichen Umgebung Friedrich Wilhelms IV., etwa bei dem hochkonservativen Ernst Ludwig von Gerlach, prononciert antiabsolutistische Positionen (H.-C. Kraus).

Ein Movens, nicht das einzige, das in der Verfassungspolitik der vierziger Jahre eine Rolle spielte, war der Kreditbedarf des Staates. Nach dem Staatsschuldenedikt von 1820 waren weitere Anleihen an konstitutionelle Schritte gebunden. Der Eisenbahnbau, hier: die spezifischen Probleme der Ost-Bahn und ihre Finanzierung, war dann eine der Hauptmaterien des (ersten) Vereinigten Landtages; mit ihr hing die Frage der weiteren verfassungspolitischen Entwicklung auf das engste zusammen. Die Opposition aus dem östlichsten Preußen und aus dem Rheinland wirkten, seit 1847 koordiniert, zusammen.

Verhärtungen beider Seiten ließen den Landtag scheitern. – Und manche, auch solche am Hofe, ahnten, daß Neues sich anbahnte. „Ein neues Preußen wird sich bilden. Das alte geht mit Publicirung dieses Gesetzes zu Grabe", so hatte es der Bruder des Königs, Wilhelm (I.), schon 1846 gesehen, als über die Einberufung des Vereinigten Landtages beraten worden war.

2. Die preußische Revolution 1848–1850

Wolfgang J. Mommsen hat zu Recht darauf aufmerksam gemacht, daß Preußen in der ersten Hälfte des 19. Jahrhunderts „durchaus ein moderner Staat“ gewesen sei, geprägt von Reformen, dem Freihandelsprinzip folgend, ausgestattet mit guten, d. h. forschungsstarken Universitäten. Preußen war – noch einmal mit Mommsen – „im europäischen Maßstab gesehen durchaus nicht besonders reaktionär“. Diese Feststellung ist wichtig, sollen nicht zeitgenössische Partei-Klischees in die Betrachtung der preußischen Zäsur von 1848/50 mit einfließen.

In den 1830er Jahren hatten Zentren von politischen Unruhen (Göttingen, Frankfurt, Gießen) außerhalb Preußens gelegen. In den 1840er Jahren ergriff die soziale Not, nicht nur in Schlesien, den preußischen Staat, gewiß regional sehr verschieden; der Staat als ganzer wurde aber sicherlich nicht erschüttert. Mißernten schürten Krawalle im Berlin des Jahres 1847. Politische Unzufriedenheit und Pauperismus ließen das Potential der Spannungen wachsen, nicht zuletzt im neupreußischen Rheinland. Städte wie Königsberg, Berlin, Breslau und Köln waren Zentren der Gärung. Freilich sprechen die Indizien dafür, daß die einfachen Menschen auf dem Lande, zumal in der Mark Brandenburg und Pommern, am Vorabend der Märzereignisse von monarchisch-loyaler Haltung bestimmt blieben (Barclay).

Der Funke kam aus Frankreich, im Februar 1848. Er griff über nach Mittel- und Südeuropa, auch nach Dänemark. In diesen europäischen Kontext sind die preußischen Geschehnisse zu stellen. Seit den ersten Märztagen kam es in Berlin zunächst wiederholt zu Unruhen, auf die Regierung und Hof, in Parteiungen gespalten, keine Antwort wußten, Unruhen, die auf die proletarischen Unterschichten übergriffen. Unstrittig ist, daß – unter Federführung des Kabinetts- und Innenministers Bodelschwingh – wesentliche Vorbereitungen zu einer nun in der Tat durchgreifenden „konstitutionellen Reformpolitik“ (G. Richter) deutlich vor dem 18. März betrieben worden sind; die vorher lang umkämpfte Periodizität, die Zusage regelmäßiger Einberufung des Vereinigten Landtages, war schon gewährt.

Insofern haben die Berliner Märzkämpfe vom 18. und den Morgenstunden des 19. März nicht initiierende, sondern eine beschleunigende Wirkung gehabt. Da es in ganz Berlin bei rund 400 000 Einwohnern nur gezählte 204 Polizeibeamte gab, war seit Tagen, wie immer in auch nur etwas außergewöhnlichen Lagen, Militär in Stärke einiger Regimenter eingesetzt worden. Nicht aus militärischer Notwendigkeit – am Abend des 18. März war die ganze Innenstadt wieder in der Hand der Truppen – sondern aus politischem Kalkül hat Friedrich Wilhelm IV. in der Nacht vom 18. zum 19. März die Truppen zur reinen Defensive befohlen. Am nächsten Vormittag erging die Weisung zur Entflechtung der Kombattanten, ein Befehl, dessen Genese nicht zureichend geklärt ist, jedenfalls vom militärischen Befehlshaber unzulässigerweise im Sinne eines vollständigen, freilich geradezu parademäßig disziplinierten Totalabzuges aus Berlin u. a. nach Potsdam ausgeführt worden ist. Manches spricht dafür, daß die militärische Führung sich vom König um den Vollsieg betrogen sah und nun den König der Revolution ohne zureichenden Schutz für den Schloßbezirk überließ. Daß die Truppen Berlin am 19. März ungeschlagen und intakt, „mit klingendem Spiel“ verlassen haben, prädisponierte freilich den weiteren politischen Verlauf im Jahre 1848.

Zu den taktischen Aushilfen der folgenden Phase gehörte für den König auch diese, zunächst einmal die nationale Karte auszuspielen, so als könne Preußen fortan in Deutschland aufgehen. Am 27. März gab Friedrich Wilhelm dem Staatsministerium Order, eine Kommission zur „Bearbeitung der Preußischen Verfassung“ einzusetzen. Daß es eine konstitutionelle Verfassung geben werde, hatte der König am 21./22. März proklamiert. Der Vereinigte Landtag, noch einmal zum 2. April berufen, hatte das Wahlgesetz und die Arbeit für die preußische Nationalversammlung vorzubereiten, womit in der Revolution doch auch Rechtskontinuität gewahrt würde.

Die preußische Nationalversammlung, die in Berlin am 22. Mai 1848 zusammentrat, hat im Sommer und Herbst des Jahres einen Prozeß der Radikalisierung durchgemacht und entsprechend auch den vom Staatsministerium (nach belgischem Vorbild) vorgelegten Verfassungsentwurf im Sinne einer drastischen Reduktion der monarchischen Prärogative verändert. Begleitet wurde die Verfassungsarbeit von wiederholten revolutionären Eruptionen (Zeughaussturm 14. Juni). Unterdessen sammelten die Konservativen, differenziert in mehrere Strömungen, ihre Kräfte; der König wurde durch eine Kamarilla gleichsam eingerahmt, ein intimer, im staatsrechtlichen Sinne nicht verantwortlicher Beraterkreis, der, zumal gegenüber den verschiedenen staatsministeriellen Regierungen (Camphausen-Hansemann-Pfuel) des Jahres 1848, den für Friedrich Wilhelm nötigen Rückhalt, auch Lenkung bot – zeitweilig fast wie eine locker-informelle Neben- und Gegenregierung. Aber die Stärkung und Formierung der konservativen Kräfte reichte sehr viel weiter, tief in die Bevölkerung, tief in das Land hinein, Werbung, Organisation und Agitation, gestützt auf das Medium einer reichhaltigen Publizistik (u. a.: „Kreuzzeitung"), eine Parteiung, die nun dieselben Waffen benutzte wie ihr innerer Feind ja auch. Dabei war man im Land- und Hofadel alles andere als zufrieden mit seinem königlichen Herrn, ja, hier und da wurden Abdankungsforderungen laut.

Gezielte Provokationen der Nationalversammlung und ihr Versuch, in die militärische Kommandogewalt des Königs einzugreifen, haben den Monarchen aus zeitweiser Apathie erweckt. Im September/Oktober fiel in Potsdam in der Umgebung des Königs die Entscheidung, den unvermeidlichen Kampf nun anzunehmen; die Kamarilla lancierte als neuen Ministerpräsidenten für die „rettende Tat" den General Graf Brandenburg, illegitimer Sohn König Friedrich Wilhelms II. Der Beschluß der Nationalversammlung zur Steuerverweigerung brachte dann nicht nur das Signal zum Entscheidungskampf; diese neuerliche Radikalisierung, die letztlich die Existenz des Staates zur Disposition stellte, ließ auch die öffentliche Meinung umschlagen zugunsten des Gouvernements. Es ist das Ministerium Brandenburg gewesen, das den Weg zum Verfassungsoktroi einschlug. Die Verhängung des Belagerungszustandes über Berlin und Umgebung, der Einmarsch der Truppen unter dem Oberbefehl des Generals von Wrangel, Verlegung und Auflösung der Nationalversammlung und die Ankündigung der Neuwahl gehören in diesen Zusammenhang.

Nicht der König und auch nicht die Kamarilla waren die eigentlichen Träger derjenigen Verfassungspolitik, die nach mehrwöchigen internen Vorarbeiten mit der Publikation in der Gesetzsammlung unter dem 5. Dezember 1848 die Weichen für die Zukunft stellte. Nach den intimen königlichen Kabinettsakten hat das Ministerium Brandenburg sehr bald die Notwendigkeit gesehen, Friedrich Wilhelm IV. gleichsam auf die programmatische Basis dieser Politik hinzuweisen, daß nämlich nicht im Traditionsbruch und in Diskontinuität zur Entwicklung seit dem März 1848 der Neuaufbau Preußens geschehen solle. Dezent und doch sehr nachdrücklich verwiesen die Minister auf die Zusagen und Verheißungen des Königs vom Frühjahr 1848, an die sich die Regierung nach wie vor gebunden fühlte, zumal die früheren Verfassungszustände Preußens ja „unhaltbar“ gewesen seien (1.1.1850). Die Verfassung vom Dezember 1848 legte die Version der Nationalversammlung zugrunde, reduziert um einige der monarchischen Prärogative abträgliche Spitzen. In der Summe war es ein erstaunlich liberales Oktroi, auch mit Rücksicht auf die deutsche Politik und die Paulskirche, aber eben doch nicht Ausdruck von Extremismus, sondern vom Willen zum Kompromiß. Am 6. Dezember folgten oktroyierte Wahlgesetze für zwei Parlamentskammern, davon die erste für Wähler mit gemäßigtem Besitzzensus. Auch hier dominierte der Wille zum Ausgleich. Das schloß nicht aus, daß nach neuerlichen Konflikten mit der Nationalversammlung noch einmal – und vom Ministerium eingestandenermaßen – die Verfassung „verletzt“ wurde, im Mai 1849, nun mit der Oktroyierung des berühmten Dreiklassenwahlrechts. Dieses sollte fortan das Stimmgewicht an die individuelle Steuerleistung binden, plutokratisierte also die parlamentarische Partizipation. Dabei wurden Vorbilder aus dem Rheinland zugrunde gelegt. – Die Stimmen wurden mündlich und öffentlich abgegeben, bei Gefahr von Repressionen. Aber um 1849 galt auch das Dreiklassenwahlrecht als angemessener Kompromiß (Grünthal).

Bei den Neuwahlen, an denen sich die entschiedene Linke nicht beteiligte, ermöglichte eine gouvernementale Mehrheit in der Zweiten Kammer seit dem August des Jahres 1849 die beim Oktroi der Verfassung vorgesehene umfassende Verfassungsrevision in parlamentarischen Formen. Die neueren Forschungen von Günther Grünthal zeigen, wie rasch und gründlich sich die Rechte mit der Verfassung und der parlamentarischen Mitwirkung nicht nur abgefunden hat, vielmehr diese als hochwillkommenes Instrument eigener Interessenwahrung erkannte, auch gegenüber einem bürokratischen Spätabsolutismus unseligen Angedenkens, der für adlige und ländliche Interessen allzu unzugänglich gewesen sei. Die Hochkonservativen, etwa die Gerlachs, haben deshalb die Rückkehr zum Absolutismus abgelehnt. Ultrakonservative Putschideen blieben auf marginale Zirkel beschränkt.

Der König behielt nun allein die militärische Kommandogewalt in der Hand, auch wurde das Heer nicht auf die Verfassung vereidigt. Aber die Legislative war künftig an drei Faktoren, an beide Kammern und an den König, gebunden; ihre Übereinstimmung war für jedes Gesetz erforderlich. Unentschieden blieb, was geschehe, wenn das jährliche Etatgesetz nicht oder nicht rechtzeitig verabschiedet würde. Der Wiederholung einer Situation der Steuerverweigerung wurde vorgebaut, denn bestehende Steuern wurden künftig forterhoben. Dem König allein stand die „vollziehende Gewalt" zu; nur er ernannte und entließ die Minister. – Gleichwohl hat Friedrich Wilhelm IV. nur widerstrebend und unter hartem Druck des Ministeriums Brandenburg den vorgeschriebenen Verfassungseid auf die preußische Konstitution vom 30. Januar 1850 geleistet.

Nach dem Verfassungsoktroi vom Dezember 1848 konnte die preußische Regierung hoffen, nun auch in der deutschen Politik eine größere Rolle spielen zu können. Das Angebot der deutschen Nationalversammlung in der Frankfurter Paulskirche, daß Friedrich Wilhelm IV. die deutsche Kaiserkrone annehmen möge, gründete zum einen auf nicht eben überzeugenden Mehrheiten. Zum anderen lief dieses Angebot seinen politischen Anschauungen im Prinzipiellen strikt zuwider. Eine Usurpation einer Kaiserkrone gegen die legitimen Ansprüche Österreichs schien dem Preußenkönig 1849 ganz unmöglich; daß die Krone dann auch noch revolutionäre Ursprünge haben würde, machte sie schlechterdings odiös. Die Kamarilla tat ihrerseits alles, um den König bei Linie zu halten; aus ihrem Kreise stammte auch z. T. der Text der Antwort, die Friedrich Wilhelm IV. der Frankfurter Kaiserdeputation gab. Gerade die großen Staaten in Deutschland, also Bayern, Hannover und Sachsen, vor allem aber Österreich lehnten eine deutsche Führungsrolle Preußens im Frühjahr 1849 definitiv ab. Preußische Truppen, die 1849 in der Pfalz, Baden und Sachsen die Revolution ersticken halfen, demonstrierten preußische Hegemonie auf ihre Weise. Österreich hat dann 1850 unter Kriegsdrohungen und flankiert von Rußland jene deutsche Unionspolitik scheitern lassen, die mit dem Namen Joseph Maria von Radowitz, enger Vertrauter Friedrich Wilhelms IV., verbunden war (Olmützer Punktation, 29. November 1850).

Das Berliner Schloß (Eosander-Portal)

VI. Konstitutionelles Preußen und nationales Reich

1. Reaktion und Verfassungskampf

Nur scheinbar war nach 1850 an die Verhältnisse der stilleren Jahrzehnte vor 1848 anzuknüpfen. Auch nach der diplomatischen Niederlage Preußens gegenüber Österreich im Jahre 1850 und nach der Restauration des Deutschen Bundes blieben untergründige Spannungen zwischen den beiden deutschen und immer noch mehr als nur deutschen Führungsmächten latent vorhanden. „Eine Rückkehr zum ruhigen preußisch-österreichischen Verhältnis der Metternichzeit war trotz der Wiederherstellung des Deutschen Bundes nicht mehr möglich." (Winfried Baumgart). Niemand anderes als der neue preußische Bundestagsgesandte Otto von Bismarck hat aus nächster Frankfurter Nähe diese Erfahrungen gemacht und denjenigen Konflikt kommen sehen, der in der Mitte der sechziger Jahre dann zum offenen Austrag kam, den aber Friedrich Wilhelm IV. auf keinen Fall gewollt hatte. Sowohl in der Zeit der orientalischen Krise und des Krimkrieges, in den Jahren 1853–1856, als Preußen unter inneren Kämpfen die Neutralität wahrte, als auch zur Zeit des italienischen Krieges 1859 gingen die Interessen deutlich auseinander. In der deutschen Politik war dies nach 1853 in der Zollpolitik besonders evident, als Preußen die Aufnahme Österreichs in den Zollverein zu verhindern wußte.

In der Außenpolitik hat der König in den fünfziger Jahren die wichtigen Weichenstellungen persönlich bestimmt und auch durchzuhalten verstanden, wenngleich günstige europäische Lagen dies erleichterten. In der preußischen Innen- oder besser in der Verfassungspolitik erreichte Friedrich Wilhelm IV. eine weitere Revision der politischen Struktur in seinem Sinne. Die alten Provinzialstände wurden wieder berufen, und die erste Wahlkammer ist zu einem Herrenhaus umgeschaffen worden, das sich aus erblichen sowie aus vom König lebenszeitlich ernannten Mitgliedern, aus 29 Vertretern der Städte und von sechs Universitäten, zusammensetzte; der Adel der Provinzen besaß ein Präsentations-, d. h. Vorschlagsrecht. Weitergehende Staatsstreichpläne der Regierung hat es nicht gegeben, vielmehr kämpfte auch das Staatsministerium unter dem Ministerpräsidenten Otto von Manteuffel nicht nur gegen links, sondern auch gegen rechts. Es kam sogar zu Beschlagnahmungen der konservativen „Kreuzzeitung". Schon zu Jahresanfang, noch unter dem Grafen Brandenburg, deutete sich diese Konstellation an. „Anfangs hat uns nur die demokratische Partei in ihren verschiedenen Schattierungen mehr oder minder scharf bekämpft, jetzt gibt sich auch eine äußerste Rechte, als uns feindlich zu erkennen, wir glauben aber im Lande wie in den Kammern noch immer eine entschiedene Majorität für uns zu haben", so ließ das Staatsministerium den König zu Anfang des Jahres 1850 wissen (nach den Kabinettsakten). Wahlmanipulationen der Regierung und die andauernde Wahlenthaltung der Linken haben bis zum Ende der 1850er Jahre an dieser Lage nichts ändern lassen; die Wahlbeteiligungen lagen mal bei 16, mal bei knapp 23 % (1855/58). Immerhin mußte nun – die zitierte Quelle zeigt es – auch die preußische Regierung immer die „Majoritäten" in ihre Kräfteberechnungen einbeziehen.

Der König hat, wie die Forschung feststellte, über die Epochenschwelle von 1848 hinweg mit staunenswerter Konsequenz an seinen verfassungs-, ja ordnungspolitischen Grundsätzen festgehalten. Das heißt auch, daß er die „notgedrungene Wendung zum Konstitutionalismus innerlich nie mitvollzogen" hat (Kroll). Aber an den Verfassungseid fühlte sich der König, wie die Akten beweisen, doch peinlich gebunden – eine wirkungsmächtige Schranke gegen weitere Diskontinuitäten. Wiederholt ließ Friedrich Wilhelm IV. seine Regierung wissen, daß er an die Stelle der mit dem Parlament vereinbarten Verfassung einen allein von ihm zu erteilenden königlichen „Freibrief" treten lassen wolle; er ist aber auf hart formulierte „Bedenken" und Vorbehalte des Ministerpräsidenten gestoßen. Die politischen Eliten Preußens haben sich insgesamt an die neue konstitutionelle Ordnung und Qualität Preußens erstaunlich schnell und gründlich angepaßt, und dies gilt also bis hinein in das königliche Ministerium. So blieb dem Monarchen nur der – wie wir wissen: erfolglose – Weg, in einem politischen Testament seine künftigen Nachfolger zu mahnen, „die Verfassung noch vor der Beeidigung umzustoßen“ (Otto Hintze).

Seit dem Sommer 1857 haben mehrere offenbar altersbedingte Schlaganfälle zur Regierungsunfähigkeit Friedrich Wilhelms IV. geführt; die Version einer Geisteskrankheit ist auch auf medizinhistorischem Wege widerlegt worden. Sein Bruder Wilhelm hat zunächst die Stellvertretung, im Oktober 1858 sodann die förmliche Regentschaft übernommen; in Sanssouci ist Friedrich Wilhelm am 2. Januar 1861 verstorben.

Wilhelm hat entgegen der Aufforderung seines Bruders den Eid auf die Verfassung doch geschworen. Dies war nicht das einzige Signal, das allzu überschwänglich auf eine „Neue Ära“ hin gedeutet wurde. Das neue Ministerium unter dem katholischen Fürsten Karl Anton von Hohenzollern-Sigmaringen rückte ein gutes Stück von der hochkonservativen Richtung ab. Es tat sich etwas im neuen Preußen, nicht nur in der dynastischen Konstellation. Auch die wirtschaftlichen Konjunkturen gingen gut. Der Wirtschaftsaufschwung der fünfziger Jahre kam dem Bürgertum und damit liberaleren Kräften zugute, und mit dem Wohlstand wuchsen nicht nur die Steuereinnahmen und die Eisenbahngewinne der Regierung und mithin deren politische Spielräume. Zugleich wuchsen neue Schichten in diejenigen Wählerklassen hinein, die seit dem Mai 1849 durch das neue Wahlrecht ja nach der Finanzleistung für den Staat politisch privilegiert wurden. Mit anderen Worten: Die Konjunktur stärkte gleichzeitig Regierung und die liberaleren Kammerfraktionen. Das Wahlrecht, das 1849 die Konservativen begünstigt hatte, förderte nun potentiell liberale Majoritäten. Die Wahlen seit dem Herbst 1858 haben es gezeigt. Hoffnungen, ja Illusionen auf eine gründliche Liberalisierung Preußens erwuchsen gleichzeitig mit untergründigen Konfliktpotentialen. Die Harmonie der Neuen Ära, von altliberaler Seite mit der Taktik des „Nur nicht Drängelns“ unterstützt, wich um 1860 zunehmenden Spannungen, Resultat nun wachsender liberaler Enttäuschungen, auch angesichts einer Reformblockade durch das Herrenhaus.

Noch als Regent und erst recht als König hat Wilhelm I., als jüngerer Bruder Friedrich Wilhelms IV. einst nicht zur Regierung, sondern zum militärischen Kommando bestimmt, eine Heeresreform eingeleitet, die ihm seit langem, ja schon seit Jahrzehnten eine Herzensangelegenheit gewesen war. Wilhelm I., persönlich nobel, bieder und anspruchslos, hat zeit seines Lebens Zustand und Leistungskraft der Truppe ganz besonders im Auge gehabt, im Unterschied zu seinem für preußische Königsverhältnisse reichlich unmilitärischen Vorgänger. Und er hat politische Weichen gestellt in den ersten Jahren seiner Regierung, die noch nicht im Schatten Bismarcks lagen, indem er sich ganz persönlich entschied, gegen alle Widerstände die von seinem militärischen Fachverstand als unabdingbar erkannte Heeresreform durchzusetzen, ja durchzukämpfen, auch mit, wenn es denn sein müsse, für ihn persönlich schlimmen Folgen. Wilhelm I. – so sah es aus – stand wie auf Befehl.

Wir erinnern uns: Seit 1813/14 gab es in Preußen die allgemeine Wehrpflicht. Im Boyenschen Dienstpflichtgesetz war die (milizartige) Landwehr mit relativer Selbständigkeit neben die stehende Truppe getreten. Diese Struktur war ein Vermächtnis der Befreiungskriege, und der Liberalismus sah darin ein historisches Erbe und ein Objekt der Identifikation. Freilich hatten sich in der Praxis Mängel herausgestellt; die Wehrpflichtigen wurden nur zu einem geringen Prozentsatz (1857: zwei Neuntel) tatsächlich eingezogen. Wiederholt, zuletzt bei der Mobilmachung während des italienischen Krieges im Jahre 1859, waren schwerwiegende Probleme hinsichtlich der Landwehr offenbar geworden. Wilhelm hatte sich 1858 wesentliche Reformvorschläge von Albrecht Graf von Roon, damals General in Posen und bald preußischer Kriegsminister, ausarbeiten lassen, um die Landwehr in die regulären (Linien-) Truppen einzugliedern. Letztlich waren es freilich nicht militärtechnische, sondern politische Motive, die Roon bewegten: die Gefahr einer gegen die Regierung politisierbaren Landwehr, die der „öffentlichen Meinung“ Einfluß auf Kommandoentscheidungen einräume. Wilhelm I. ging es vor allem darum, daß die Infanterie mit dreijähriger Dienstzeit ausgebildet werde, und auch dabei spielten politische Ziele die entscheidende Rolle, da nur so die Armee politisch zuverlässig sei. Vor allem die Dienstzeitfrage, in der Wilhelm unnachsichtig auf seiner Position bestand, führte im Verlauf einer mehrjährigen Eskalation zum Konflikt und zum Bruch mit einem Abgeordnetenhaus, in dem sich die liberale Opposition seit 1860 differenzierte und radikalisierte. Jüngere Kräfte aus Ost- und Westpreußen, als „Junglitauer“ ironisiert, haben seit dem Ende des Jahres 1860 den Weg zur Begründung der „Deutschen Fortschrittspartei“ eingeschlagen, im Konnex mit dem „Nationalverein“, der über Preußen hinaus in der deutschen Diskussion, derjenigen um die Zukunft des Deutschen Bundes, gerade das kleindeutsch-preußische Programm verfocht. Um die Fortschrittspartei herum formierte sich die Kampfopposition der sechziger Jahre. Mit einem starken Anteil adliger Aktivisten lebte in ihr ein letztes Mal ein regionalistischer Oppositionsimpuls ganz wesentlich aus den östlichsten Landschaften des Staates auf. Einzelne Familien bzw. Personen, die sich seit 1860 hervortaten, trugen im Osten die liberale Landesopposition schon seit Jahrzehnten. Bei den Kammerwahlen seit dem Frühjahr 1862 war die Opposition aus Fortschrittspartei und „linkem Zentrum“ dann in mittleren Provinzen (etwa der „Provinz Sachsen“) und im Rheinland erfolgreich.

Dies war die Ausgangslage eines Kampfes, der schon von Anfang an auch ein Verfassungskonflikt war, ging es doch um das monarchische Reservat der militärischen Kommandogewalt im preußischen Konstitutionalismus. Dagegen stand das Budgetrecht des Parlaments auch für die Militärausgaben. Letztlich ging es um die Systemfrage, um die Selbständigkeit der Krone, es ging nicht nur der einen Seite um die Entscheidung der Machtfrage, die 1849/50 noch in der Schwebe gehalten worden war. Die internen Briefwechsel im Lager der Opposition bieten dafür gute Belege. Der radikale Flügel wollte gar eine äußere militärische Niederlage Preußens lustvoll in Kauf nehmen, um zum Ziele zu kommen (Ludwig Dehio).

Das Ministerium der Neuen Ära war nicht in der Lage, dieses Spannungspotential auszugleichen. Wilhelm I., freilich auch nicht bereit, ultrakonservativen Staatsstreichplänen zu folgen, hat sehr ernsthaft (in der Zeit des Ministeriums Hohenlohe 1862) die Abdankung erwogen, dann aber – nach Zögern und gegen erheblichen Widerstand am Hofe – berief er Otto von Bismarck zum Ministerpräsidenten.

Bismarck, aus einer alten Familie des märkischen Landadels stammend, hat die Liberalisierung des Verfassungssystems verhindert. Er nahm nach kurzer Kompromißbereitschaft den Kampf mit der Kammer in aller Härte auf. Da Budgetgesetze nicht mehr zustandekamen, die Verfassung aber nicht positiv vorschrieb, was in einem solchen Falle zu geschehen habe (Lückentheorie), arbeitete Bismarck mit den forterhobenen und bei guter Konjunktur vorzüglich fließenden Steuereinnahmen weiter am Parlament vorbei, freilich in der erklärten „Zuversicht ... nachträgliche(r) Genehmigung des Landtages" (13. Oktober 1862). Die Rechtsfrage war und ist umstritten. Die Systemfrage wurde bis zum Jahre 1866 von beiden Seiten umkämpft und letztlich schon nicht mehr auf innerpreußischem Felde entschieden. Auf neue Weise amalgamierten sich nun Lösungen in Preußen und Deutschland, jetzt, seit 1864/66, noch nicht um 1848/49 – wie die Forschung gezeigt hat; damals fielen preußische Entscheidungen noch im wesentlichen in Preußen.

Die liberale Opposition folgte der Lehre, daß nur so die deutsche Einheit erreicht werden könne, indem gleichzeitig die – in ihrem Verständnis – preußische Freiheit erfochten werde. Ausgerechnet ihr innerer Feind, Otto von Bismarck, erreichte nun 1864/66 vorher für unmöglich gehaltene Fortschritte auf dem Wege zum preußisch-deutschen Nationalstaat. Schon in Folge des dänischen Krieges in Schleswig-Holstein wurde die Lage für die Opposition sehr viel schwieriger. Nun machte Bismarck gegenüber Österreich selbst die Politik des nationalen Liberalismus, drängte die Habsburgermacht aus Deutschland heraus, er sprengte den Deutschen Bund, über dessen Reform seit Jahren intensiv verhandelt worden war, das alles auf der Basis einer militärischen Modernisierung und einer Rüstung, die die liberale und nationale Opposition nach wie vor bekämpfte. In der deutschen Politik wollte Bismarck – gegen Österreich – das demokratische deutsche Wahlrecht, das Paulskirchen-Wahlrecht von 1849 zulassen!

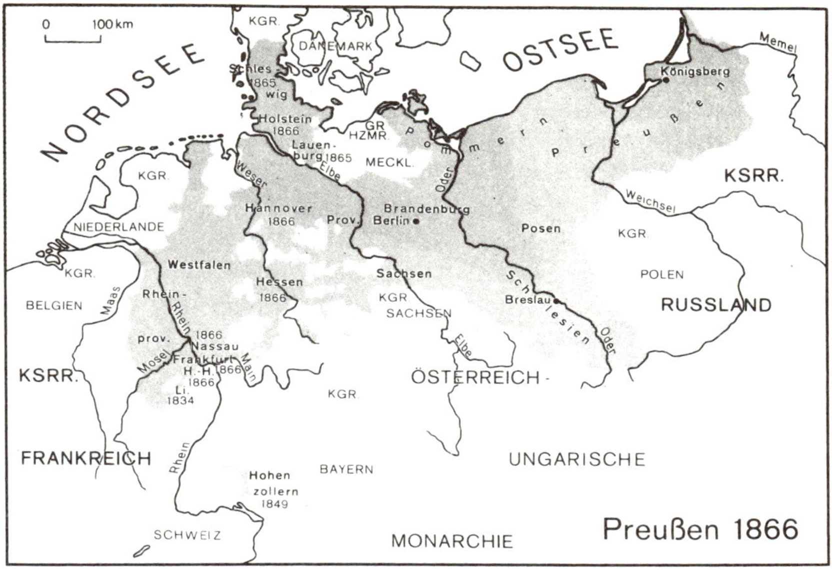

Preußen 1866

Der 3. Juli 1866 war der Tag einer doppelten Entscheidungsschlacht: Während beim böhmischen Ort Königgrätz zwischen den preußischen Armeen einerseits, Österreich und der sächsischen Armee andererseits gekämpft worden ist, wurde – am gleichen Tag – in Preußen gewählt. Noch bevor die Siegesnachricht eintraf, war die Opposition in Preußen geschlagen. Es folgten rasch zwei milde Friedensschlüsse, der eine mit Österreich, gegen harten Widerstand des preußischen Königs zu Nikolsburg und Prag vereinbart, zwang den unterlegenen Part, auf die deutsche Vormachtstellung zu verzichten, bei sonstiger Schonung der habsburgischen Staatssubstanz. Der innere Sieg wurde vorbereitet durch einen Zuwachs konservativer Abgeordnetenhausmandate von 35 auf 136 bei starken Verlusten der Linken. Die Regierung und der König verwirklichten nun, was sie bei Ausbruch des Konfliktes angekündigt hatten. Die Frage, wer in den letzten vier Jahren im Recht gewesen sei, wurde ausgeklammert, Schuldbekenntnisse beider Seiten wurden vermieden, aber das verfassungsmäßige Budgetrecht des Parlaments ist im „Indemnitäts"-Gesetz anerkannt worden (14. September 1866). Der Regierung wurde für die Zeit des budgetlosen Regiments in aller Form „Entlastung" erteilt. An der Entscheidung über die Indemnität zerbrachen vollends die politischen Fronten. Den Hochkonservativen war schon der Krieg gegen Österreich zutiefst illegitim erschienen. Die Konservativen hatten sich gespalten. Die Liberalen zerbrachen nach Königgrätz an der Frage, wie sie sich zum Bismarckschen Weg in das deutsche Reich bei Stabilisierung der innerpreußischen Strukturen stellen sollten.

2. Preußen im nationalen Staat

Rudolf Stadelmann hat die bismarcksche Lösung des Jahres 1866 als eine Revolution klassifiziert. Die kleindeutsche Lösung war von Bismarck seit dem Frühjahr dieses Jahres mit Gewalt herbeigeführt worden, und wenn auch nicht die Habsburgermonarchie als solche „in den Abgrund" gerissen worden war, so wurden doch mit den preußischen Annexionen des Königreichs Hannover und Kurhessens legitime Dynastien gestürzt. Zu den preußischen Gebietserwerbungen von 1866 zählten außer Schleswig-Holstein und der Stadt Frankfurt auch kleinere Teile von Hessen-Darmstadt und Bayern (Bezirksamt Gersfeld; Gebiet um Orb). Anfangs geheimgehaltene Schutz- und Trutzbündnisse mit den süddeutschen Staaten sicherten die preußische Suprematie jenseits des Mains; im Falle eines neuen Krieges sollte Preußen den Oberbefehl z. B. über die bayerischen Truppen führen.

Die Konstruktion des Norddeutschen Bundes hat Bismarck in intimen Diktaten aus dem Spätherbst 1866 selbst entworfen. Die preußische Hegemonie nördlich des Mains, wo nun vier Fünftel ohnehin zum eigenen Staatsgebiet gehörten, wurde – das konnte sich Preußen jetzt leisten – vorsichtig zurückgenommen und blieb doch wirksam genug. Die neue norddeutsche Struktur mußte die preußischen Interessen vollständig gewährleisten, aber den Bundesgenossen Lebensluft lassen und zugleich Werbekraft nach Süden besitzen, also Flexibilität für kommende Entwicklungen bieten. In der Tat ist ja die Struktur, wie sie 1866/67 geschaffen worden ist, nach 1871 die Ordnung des Reichs geworden.

Hier interessiert die Stellung Preußens in der neuen überpreußischen Staatsstruktur – denn daß nun gleichsam über Preußen eine neue Staatlichkeit konstruiert wurde, daran hat Bismarck keinen Zweifel gelassen. „Man wird sich in der Form mehr an den Staatenbund halten müssen, diesem aber praktisch die Natur des Bundesstaats geben mit elastischen, unscheinbaren, aber weitgreifenden Ausdrücken. Als Centralbehörde wird daher nicht ein Ministerium, sondern ein Bundestag fungieren“, so schrieb der preußische Ministerpräsident am 30. Oktober 1866. Auch die Mehrheitsverhältnisse dieses, wie er dann genannt wurde, Bundesrates, angelegt als eine „43 Plätze fassende Ministerbank“, hat er bestimmt. Preußens Dominanz kam nicht in seiner Stimmenzahl zum Ausdruck, das hätte sonst eine evidente Mediatisierung der anderen Regierungen bedeutet, denn im Bundesrat saßen die Vertreter der mit Preußen formell verbündeten anderen deutschen Staaten. Von den 43 Stimmen führte Preußen 17; später, nach Beitritt der Süddeutschen und einer Gesamtzahl von 58 Stimmen, hat sich Preußens Stimmgewicht nicht verändert. In wichtigen Fragen besaß Preußen ein Vetorecht bzw. eine Sperrminorität, die immerhin unerwünschte Beschlüsse verhindern konnte. Bismarck war sich sicher, die nötige Mehrheit mit Unterstützung einiger kleiner Staaten erreichen zu können. Schon Ende 1866 hat er insgeheim an den „etwaigen Zutritt der Süddeutschen“ gedacht.

Das Präsidium des Norddeutschen Bundes stand qua Verfassung „der Krone Preußen zu“. Die Präsidialmacht war gestärkt durch ihre militärischen Funktionen sowie durch diejenigen auf dem Gebiet der Finanzen, ferner des Post- und Telegraphenwesens. Zweiseitige Militärkonventionen Preußens mit den deutschen Staaten stellten ein hochwichtiges extrakonstitutionelles Instrument preußischer Hegemonie dar. Das Heer des Reiches setzte sich aus den einzelstaatlichen Kontingenten zusammen. Zu den faktischen Bastionen preußischer Führungspolitik gehörte natürlich ganz wesentlich das preußische Wirtschaftspotential, das nun durch die Entwicklung des Ruhrgebietes ein neues und modernes Zentrum im Staate erhielt. Die direkte und indirekte Hegemonialstellung Preußens verstärkten sich gegenseitig (Heinrich Triepel). Bei alledem wurde im Formalen die Stellung der nichtpreußischen Staaten geschont. Aus diesem Grunde hat es im Zweiten Reich keine „Reichsregierung", wohl aber sehr bald eine Reichsverwaltung gegeben.

Indem die Präsidialmacht Preußens Exekutivfunktionen übernahm, führte sie auch ganz wesentlich die auswärtige Politik. Fortan wurde die Personal- und Amtsverbindung von preußischem Ministerpräsidenten und Außenminister um so wichtiger. Nur als solcher konnte er die Kanzlerfunktionen im Reiche übernehmen. Aus dem preußischen Außenministerium wurde noch 1870 das „Auswärtige Amt des Norddeutschen Bundes", dann 1871 das des Deutschen Reiches. Wichtige Entscheidungsfelder wurden nun auf das Reich und die Reichsgesetzgebung übertragen. Der Reichstag wurde nach dem allgemeinen und gleichen Wahlrecht (der Männer) demokratisch gewählt. Gerade die bis 1866 so umstrittene Militärstruktur wurde nun aus Preußen heraus an die Bundes- und dann die Reichsgesetzgebung verwiesen.

In erstaunlichem Tempo war aus dem Norddeutschen Bund und den insbesondere auf militärischem Gebiet gut koordinierten süddeutschen Staaten seit der Mitte der sechziger Jahre ein funktionsfähiges Ganzes entstanden. Dabei sollte berücksichtigt werden, daß die weltpolitische Lage für den Durchbruch einer preußischen Hegemonialpolitik in Mitteleuropa günstige Konditionen bot: Frankreich war gerade in dieser Zeit weit entfernt, nämlich in Mexiko, politisch gebunden; Bismarck hatte Rußland in Polen unterstützt (Alvenslebensche Konvention, 8. Februar 1863) und es hatte sich damit den Zaren verpflichtet, vor allem aber war man dort mit dem Modernitätsrückstand, etwa der Bauernbefreiung der sechziger Jahre, stark okkupiert. Nun, um 1870, nach mehreren politischen Niederlangen Napoleons III., begann sich die Situation zu ändern. Die Frage der spanischen Thronkandidatur eines süddeutschen, katholischen und mit Wilhelm I. denkbar entfernt verwandten Hohenzollern hat die schon in den Jahren zuvor langsam gewachsenen Spannungen mit dem westlichen Nachbarn zur Entladung gebracht. Die „Emser Depesche" vom 13. Juli 1870, Bismarcks geschickte Redaktion eines Textes zum französischen Drängen gegenüber Wilhelm I., war kaum mehr als ein äußerer Anlaß zum Kriege. Er wurde von Frankreich erklärt, am 19. Juli 1870.

Die Probe auf die Belastbarkeit des Norddeutschen Bundes und der in Kraft tretenden preußisch-süddeutschen Schutz- und Trutzbündnisse wurde bestanden. Nach den ersten großen militärischen Erfolgen hat Bismarck in vorsichtigen Verhandlungen mit den süddeutschen Staaten die Novemberverträge des Jahres 1870 geschlossen. Abgestufte Reservatrechte, insbesondere für Bayern, erleichterten den Beitritt zum, wie es in den Quellen nun heißt, „Deutschen Bund". Der von Bismarck inspirierte „Kaiserbrief" Ludwigs II. von Bayern machte den Weg frei zur Proklamationsszene vom 18. Januar 1871.

Winfried Baumgart hat mit bedenkenswerten Argumenten davor gewarnt, den Status Preußens als Großmacht allzuweit vorzudatieren: Noch für die Zeit um 1830 sei diese Qualität recht zweifelhaft. Aber „keine der fünf europäischen Großmächte ist in dem Zeitraum zwischen 1830 und 1870 in Europa territorial so gewachsen wie Preußen"; erst „1871 ist es zu einer vollwertigen Großmacht emporgestiegen", in vorteilhaft-kompakter Konfiguration und freilich in gefährlicher Mittellage. – So schwer es ab jetzt ist, die allgemein-deutsche und die spezifisch preußische Historie zu unterscheiden, zumal die Außenpolitik auch amtlich nicht mehr eine hergebracht preußische war und sein konnte, so müssen wir nun versuchen, den preußischen Gestaltwandel seit den 1870er Jahren zu charakterisieren.

Preußen wurde einheitlicher unter der Verfassung des Norddeutschen Bundes, dem es auch mit seinen östlichen Provinzen angehörte, unter einer leistungsstaatlich-erstarkenden und auf den unteren Ebenen seit den siebziger Jahren schubweise reformierten

Verwaltung (u. a. Kreisordnung 1872, Provinzialordnung 1875, Landgemeindeordnung 1891), anfangs durchgesetzt durch eine Massen-Ernennung von neuen Herrenhaus-Mitgliedern zur Schwächung preußisch-konservativer Resistenz. Mit alledem wurden ältere, auch landschaftliche Traditionen teils überformt und teils beseitigt. Gerade dem konservativen Innenminister der achtziger Jahre, Robert von Puttkamer, ist es dann ein Anliegen gewesen, ältere „feudale" und patrimoniale Restbestände lokaler Herrschaft zu beseitigen, derselbe Minister, der das Beamtentum homogenisierte in (gemäßigt-)konservativem Sinne. Als preußischer Minister hat er den auf der Reichsebene vorgetragenen Gegenangriff gegen die Sozialdemokratie massiv flankiert. Regionalistische Oppositionspotentiale, wie sie im östlichen Preußen eine jahrhundertealte Tradition besaßen, starben ab; liberale Landschaften mutierten zu konservativen. Neuer Unterschichtenprotest schuf sich neue Zentren des Kampfes.

An die Stelle der alten Achtundvierziger-Sentenz, daß Preußen in Deutschland aufgehen solle, trat nun das Bismarck zugeschriebene Wort, Preußen bedürfe mehr der Germanisierung als Deutschland der Borussifizierung. In den siebziger Jahren begann nun der Nationalismus das bis dahin immer nicht-nationale, vielmehr organisch-multiethnische Preußen – das Gebiet der alten slawisch-deutschen Symbiose – zu überkommen. Noch im Oktober 1870, im Hauptquartier zu Versailles, hatte Bismarck nach dem Zeugnis eines Mitarbeiters der staunenden Umgebung gesprächsweise im historischen Rückblick die Möglichkeit reflektiert, daß Preußen sich seit dem 17. Jahrhundert mehr nach Osten orientiert hätte und „kein deutscher Staat geblieben wäre": „Nun, so schlimm wäre es doch nicht geworden" und „übrigens hätte es nicht so viel geschadet".

Bald nach 1870/71 hat der „Kulturkampf", der Konflikt mit der katholischen Kirche, in Preußen neue Gräben aufgerissen und zugleich im Osten den Nationalitätenkonflikt geschürt. Die altpreußisch-konservativen Kräfte haben diese Auseinandersetzung abgelehnt. Bisher war über alle, etwa ethnischen oder nationalen, Grenzen hinweg die Loyalität zum Staat, zu Preußen, ein integratives Prinzip gewesen. Nun gingen im Preußen des späten 19. Jahrhunderts die Nationen aufeinander los. Vor 1830 hatten nur linke Staatsliberale im Osten, wie der Oberpräsident von Schön, einen Vorgeschmack nationaler Intoleranz mit erschreckenden Sentenzen gegeben. Nun „demokratisierte" sich der Gegensatz der Nationalitäten, eine breite polnische Nationalbewegung, nicht mehr nur polnischer Adel und Klerus, trug den Kampf auf der einen Seite, und der preußische Staat nahm, zumal in den Provinzen, die deutsche Partei. Er stellte damit das alte transnationale Prinzip der Staatsloyalität auch seinerseits in Frage. Derselbe Bismarck, der noch im Herbst 1870 das altpreußische Staatsprinzip gegenüber den national-deutschen Aktivisten im eigenen Lager hochhielt, verfocht nun in Schul- und Sprachenpolitik selbst eine „moderne", nationale Richtung. Aber in dieser Richtung lag das Ende des alten, des notwendigerweise vornationalen Preußen mit seinen starken mitteleuropäisch-ostmitteleuropäischen Verankerungen. Die Siedlungspolitik, wie sie seit den achtziger Jahren betrieben wurde, beabsichtigte expressis verbis die „Stärkung des Deutschen Elements ... gegen polonisierende Bestrebungen durch Ansiedlung deutscher Bauern und Arbeiter" (Ansiedlungsgesetz vom 26. April 1886). In die Rechte der lokalen (polnischen) Herrschaften wurde massiv interveniert. Auch nach der Beilegung des Kulturkampfes (unter dem Kultus- bzw. Innenminister Puttkamer) ging der Kampf der Nationalitäten im Osten, schubweise und von zwei Seiten geführt, weiter, radikalisiert bis in das 20. Jahrhundert. Bald nach 1900 eskalierten die nationalen Auseinandersetzungen in den Ostprovinzen (Posen) erneut, auf kulturpolitischem Felde. Im Ergebnis ist die Germanisierungspolitik gescheitert. Die Zwangsmitgliedschaft der polnischen Preußen im deutschen Nationalstaat warf schon für die nähere Zukunft unlösbare Probleme auf.

Preußen wurde also „nationalisiert" und damit in einem tieferen Sinne unmöglich. Das Reich, „weit entfernt davon, nur eine Veranstaltung zur indirekten Machtsteigerung Preußens zu sein, hat im Grunde den unvermeidlichen Niedergang Preußens als eines eigenständigen politischen Systems von unverwechselbarer Eigenart beschleunigt" (W. J. Mommsen). In der gegenseitigen Durchdringung reichischer und preußischer Charakteristika, in der Tendenz zur Integration und Unifizierung des Reiches und in der gleichzeitigen Dominanz des nationalen Prinzips in der preußischen Politik selbst lag ein starker Identitätsverlust Preußens begründet, mag er auch den neukonservativen Zeitgenossen allenfalls unvollkommen ins Bewußtsein getreten sein. Zudem verminderte sich nach 1890 der politische Einfluß des preußisch bestimmten Bundesrates. Die gleich nach 1871 ausgebaute Struktur von Reichsämtern verschiedener Kompetenzen und Aufgaben, die zumal nach 1878 („Stellvertretungsgesetz") häufigen Personalunionen an der Spitze der Reichs- und der preußischen Ressorts, die Dominanz der Reichsressorts in der Gesetzesarbeit seit den späten 1890er Jahren – das alles markiert eine phasenweise Gewichtsverlagerung von Preußen auf das Reich. Mit dem Reichskanzler und preußischen Ministerpräsidenten Hohenlohe-Schillingsfürst hat seit 1894 erstmals, aber nicht letztmals, ein süddeutscher Herr in Preußen und in Deutschland regiert. Dies wurde seit den achtziger Jahren dadurch erschwert, daß sich – auch auf Grund verschiedener Wahlrechte – die Mehrheitsverhältnisse im Reichstag und im preußischen Abgeordnetenhaus mehr und mehr unterschieden.

Wilhelm I., im Januar 1871 tief unglücklich über das Ende des alten Preußen, hat stets aus der altpreußischen Tradition heraus gelebt, gefühlt, gehandelt. Der Weg führte über diesen Monarchen, geboren 1797 und gestorben 1888, über den nationaler denkenden, aber schwerkrank an die Regierung gelangten Friedrich III. noch im Juni desselben Jahres zu Wilhelm II., der, trotz gelegentlich altpreußischer Kostümierung, doch ganz in der Rolle eines „Reichsmonarchen" (Fehrenbach) aufging. In ihm, so kann man pointieren, erlangte der preußische Substanzverlust im monarchischen Zeitalter einen theatralischen Höhepunkt. Es war der Versuch hochgradig symbolischer Integration, das heißt auch: der Integration eines Preußen in das Reich, das bei allen inneren Spannungen sehr leistungsfähige Eliten besaß, bürgerliche, zumal bildungsbürgerliche (an den nun erst zu höchstem Niveau aufblühenden Universitäten) und ganz wesentlich adlige Eliten. Wir wissen heute, daß gerade die „ostelbischen" agrarischen Führungsschichten in der Kaiserzeit sich durch eine beachtliche Leistungsfähigkeit und auch durch ökonomische Innovationsbereitschaft ausgezeichnet haben. Von einer Krise des landwirtschaftlichen Großbetriebs im preußischen Osten oder in den mittleren brandenburg-sächsischen Provinzen kann nicht die Rede sein. Hinzu kam der Prestigegewinn der Einheitskriege. Der Hof Wilhelms II. – nun nicht mehr primär ein preußischer, sondern ein „Kaiserhof" – wurde zu einer gesellschaftlich begehrten Integrationsinstanz, auch für das Kultur- und das Wirtschaftsbürgertum, über die Grenzen Preußens hinaus. Eher zog sich der alte Hochadel vom Hof Wilhelms II. zurück.

Mit Wilhelm II. kam eine neue Generation zum Zuge, er selbst Jahrgang 1859, impulsiv und drängend, modern im Technischen, schon weniger im Politischen, wie die – freilich nie realisierte – Rückkehr zu einem Regierungsstil des „persönlichen Regiments" beweist. Zunächst beabsichtigte der junge Monarch, wie in seiner Umgebung 1888 bekannt war, die „alten Generale" – die von 1870/71 – loszuwerden. Der Konflikt mit Bismarck und dessen Entlassung im Frühjahr 1890 nach Zusammenstößen über die (Reichs-) Sozialpolitik und das seit 1878 viermal verlängerte Sozialistengesetz gehörten in diesen weiteren Zusammenhang eines Generationenwechsels und damit eines Wechsels vom preußischen zum reichsdeutschen Akzent. Bismark war an diesem Konflikt alles andere als unschuldig, er hat nach dem Sturz den Kampf in der Öffentlichkeit auf unschöne Weise fortgesetzt und damit die Regierungszeit Wilhelms II. überhaupt stark überschattet und belastet.

Preußen wurde in neuer Weise regionalisiert, in der Differenzierung zwischen industriellen und agrarischen Prägungen. Seit den fünfziger Jahren hatte sich die ökonomische Dynamik verstärkt. Allerdings, die Ausbildung alter und neuer industrieller Zentren war durchaus nicht allein Resultat staatlicher Intervention. „Wo die preußische Wirtschaftspolitik am aktivsten eingriff, ging die wirtschaftliche Entwicklung am langsamsten voran. Wo sie sich am wenigsten bemerkbar machte, kam es zu dem schnellsten und dauerhaftesten Aufschwung" (Wolfram Fischer). In Oberschlesien hat die Verwaltung noch am ehesten die Industrieentwicklung gefördert, im Westfälischen hat sie sie mehr gehemmt. Von den schwerindustriellen Zentren Deutschlands lag nur das sächsische nicht auf preußischem Boden; letzteres wurde freilich längst vom Ruhrgebiet überrundet, das sich seit den siebziger Jahren nordwandernd erweiterte und seinen Finanzbedarf nicht mehr aus Köln, sondern von Berliner Banken befriedigte. Die Krupps, hervorgegangen aus einer alten Essener Kaufmannsfamilie, hatten sich seit der Jahrhundertmitte stark auf die Waffen- und Eisenbahnproduktion verlegt; schon in den frühen Tagen Wilhelms I. wurden enge Kontakte zur Dynastie gepflegt. Die Montanindustrie Preußens dominierte im Reich, ablesbar an den Zahlen der Rohstahlerzeugung schon seit der Mitte des 19. Jahrhunderts. Um 1875 wurden im rheinisch-westfälischen Industrierevier schon rund 500 000 Arbeiter gezählt. Die Zahl der Bergleute im Ruhrgebiet allein stieg von 1890 mit 127 000 auf 400 000 im Jahre 1913 an. Lebten in ganz Preußen 1871 gut 30 % der Einwohner von Handwerk, Bergbau und Industrie, so waren es 1907 schon 43 % (nach Born). Das Lohnniveau in der Zeit des Kaiserreichs zeigte eine durchaus positive Entwicklung. Der Kapitalismus prägte das alte Preußen zum reichischen Neupreußen um; die industriellen Zentren zeigten direkte und indirekte Wirkungen auf die alten Staatslandschaften. Noch um 1880 dominierte unter den Arbeitern der Land-, um 1907 ganz entschieden der Industriearbeiter. – Neue industrielle Sparten traten hinzu, wurden wichtig neben der Schwerindustrie. Innerpreußische Wanderungsbewegungen von Ost nach West halfen mit, politische Gewichte zu verschieben. Von 1860 bis 1910 haben rund vier Millionen Menschen die preußischen Ostprovinzen verlassen, das waren „etwa 20 % der ursprünglichen Bevölkerung von Ostpreußen, Westpreußen, Pommern und Posen“ (Jürgen Kocka). Um Berlin entwickelte sich der Schwerpunkt der neuen Elektrotechnik. Das alles verstärkte die Bedeutung neupreußischer Interessen im kraftstrotzenden Reich, und diese Interessen wußten sich in Wirtschaftsverbänden wohl zu organisieren. Soziale Auseinandersetzungen mit der Arbeiterschaft und Sozialdemokratie, etwa große Ruhrstreiks 1905 und 1908, führten zu festeren Zusammenschlüssen der Unternehmer. Um 1900 kehrte sich das bisherige Gewicht von Stadt

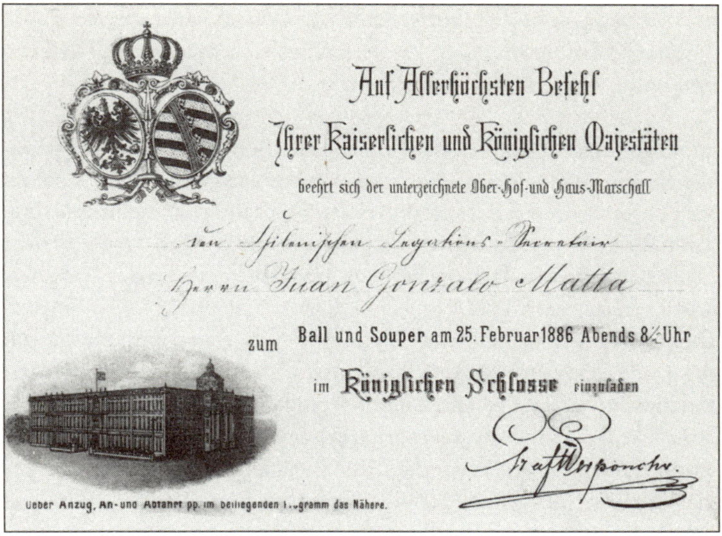

Auf Allerhöchsten Befehl

Ihrer Kaiserlichen und Königlichen Majestäten

beehrt sich der unterzeichnete Ober-Hof- und Haus-Marschall

den Chilenischen Legations-Secretair

Herrn Juan Gonzalo Matta

zum Ball und Souper am 25. Februar 1886 Abends 8½ Uhr

im Königlichen Schlosse einzuladen

Graf Perponcher

Ueber Anzug, An- und Abfahrt pp. im beiliegenden Programm das Nähere.

Hofgesellschaft und Politik im späten 19. Jahrhundert: Einladungskarte zum Hofball, 1886 und Land um. Für die politische Kultur bestimmend war ein Pluralismus der Interessen, der mit dem Klischee vom ewigen Untertanen nicht verstanden werden kann.

Modernität und Tradition lagen im Preußen Wilhelms II. oft unvermittelt nebeneinander. In seinen Akten aus der Frühzeit seiner Regierung finden sich Notizen, in denen er durchaus große Aufgeschlossenheit für die neuen sozialen Verwerfungen zeigt, für die Nöte der Arbeiter, ja er geißelte das soziale Versagen der Industrie und fand „in der Soz. Dem." ein „Körnlein Wahrheit" (Kabinettsakten). Dem entsprach der „Neue Kurs" zu Anfang seiner Regierung, ein Kurs, der unter den Ministerpräsidenten Caprivi und Eulenburg bis 1894 gehalten, dann freilich unter dem Einfluß hochindustrieller Kreise (Krupp, Stumm) revidiert worden ist, ein Exempel für die Sprunghaftigkeit der Politik Wilhelms II. (oder wie die Kaiserin formulierte: „Wilhelm ist so plötzlich!"). – Aber es gab im Kaiserreich auch Felder produktiver Entwicklung in Kontinuität. Wissenschaft und Bildung waren in Preußen-Deutschland sehr viel weniger sozial-exklusiv als in Frankreich oder Großbritannien. Die Entwicklung der Universitäten und der von Wilhelm II. besonders geförderten Technischen Hochschulen, die seit 1910 gegründete Kaiser-Wilhelm-Gesellschaft, eine Antwort auf den damals befürchteten Rückstand im internationalen Vergleich, das alles zeigte auch die Fähigkeit, sich neuen Bedürfnissen höchst flexibel zu stellen. Das Bildungsbürgertum stand in seiner Blüte, in den Jahren und Jahrzehnten vor Weltkrieg und Inflation. Das Offizierskorps war schon seit der Mitte des 19. Jahrhunderts im Prozeß rasanter sozialer Öffnung, d. h. Verbürgerlichung begriffen. Gerade der preußische Generalstab ist dafür ein gutes Exempel. Das alles zwingt das Simplicissimus-Klischee von der monokeltragend-junkerlichen Führungskaste Preußens vor die kritische Prüfungsinstanz der Empirie.

Freilich, das politische System im engeren Verfassungs-Sinne blieb in Preußen auf demjenigen Fundamente stehen, das in der Mitte des 19. Jahrhunderts und im Verfassungskonflikt der sechziger Jahre grundgelegt worden war. Krisenpotentiale ergaben sich um 1900 auf zwei Ebenen: zum einen aus diesem innerpreußischen Modernisierungsdefizit, vor allem festgemacht an der Wahlrechtsfrage. Zumal dem im Gefolge der Industrialisierung eingetretenen sozialen Wandel mit starker Urbanisierung und Unterschichtenwachstum wurde das Dreiklassenwahlrecht nicht mehr gerecht. Nun stützte es nicht mehr, wie in den Jahren nach 1858, liberale, sondern durchweg die konservativen Kräfte. Das zweite Risikopotential erwuchs aus der Reichspolitik. Die alles andere als untertanenfromme Öffentlichkeit hat mal um mal Aktionen des Kaisers (und Königs) auf diesem Tätigkeitsfeld kritisiert, und dies hatte Folgen für dessen Regierungsstil überhaupt. Vor allem ein reichsaußenpolitischer Eklat um ein Interview Wilhelms II. in der englischen Zeitung Daily Telegraph im Oktober 1908 hatte Rückwirkungen insofern, als ein Proteststurm in der „Gesellschaft" (weniger übrigens bei dem Monarchen Sympathiebekundungen zusendenden kleinen Bürgern!) Wilhelm II. bis hin zu Abdankungsplänen trieb. Die Folge des Vorgangs war nicht nur der Sturz des Reichskanzlers und preußischen Ministerpräsidenten Bülow, dem Bethmann Hollweg folgte. Vollends nach 1908/09 war vom persönlichen Regiment – auch versuchsweise – keine Rede mehr. Wilhelm II. hielt sich gerade in der Außenpolitik im letzten Jahrzehnt seiner Regierung sehr weitgehend zurück, was Bethmann mit Geschick und Härte auch zu steuern wußte. Nach wie vor war zwar die militärische Kommandosphäre freilich ein extrakonstitutioneller Raum, ohne parlamentarische Kontrolle, aber im Kaiserreich hatte nun der Reichstag über sein Budgetrecht Einfluß auf die (Friedens-)Präsenzstärke der Armee. Erstaunlicherweise blieben hingegen militärische Direktiven Wilhelms II. praktisch oft ohne Folgen, wohl auch deshalb, weil die militärischen Spitzen ein persönliches Regiment ebenso wenig wünschten wie die zivilen.

Die offene Wahlrechtsproblematik, die, trotz gewisser Anläufe um 1910, vor dem großen Krieg nicht mehr gelöst werden konnte, erwies sich um so mehr nach dem Jahre 1914 als schwere Hypothek. Das preußische Herrenhaus hat hier eine retardierende, unflexible Rolle gespielt bis in den Herbst des Jahres 1918 hinein. Dies war nicht die einzige preußische Hypothek am Vorabend der großen

Krise und im Ersten Weltkrieg. Vor und im Jahre 1914 konnte von einer Koordination zwischen den militärischen Instanzen in Preußen und auf Reichsebene keine Rede sein. Daß die preußischen Führungsschichten insgesamt auf einen militärischen Austrag der wachsenden europäischen Spannungen hingewirkt hätten, kann gewiß nicht behauptet werden. Zwar hatte der jüngere Moltke schon seit einiger Zeit einem militärischen Präventivschlag das Wort geredet, aber weder Wilhelm II., dem man in der publizierten Öffentlichkeit gerade seine allzu große Friedensliebe zum Vorwurf machen wollte, noch der Kronprinz haben in der Krise vom Juli 1914 zum großen Krieg gedrängt. Der Kaiser-König wurde gezielt „überspielt" (F. Fischer). Nicht die Träger altpreußischer und altaristokratischer Traditionen im Osten waren die Protagonisten des neudeutschen Nationalismus mit Weltpolitikdimension gewesen, und so kamen auch in den Entscheidungspositionen auf Reichsebene „die eigentlich forschen Vertreter einer offensiven deutschen Weltpolitik nicht aus der preußischen staatlichen Tradition" (W. J. Mommsen).

3. Die zweite Revolution

Lange vor der Novemberrevolution war in der Praxis der Obersten Heeresleitung die preußisch-monarchische Prärogative schon auf ein faktisches Minimum reduziert worden. In der „Weltrevolution", als die Walther Rathenau den Ersten Weltkrieg bezeichnet hat, trat Wilhelm II. mehr und mehr in den Hintergrund. Realiter war von oberstem Feldherrentum gar keine Rede, ebenso wenig von der nur von hier aus zu leistenden Koordination von Heer, Flotte und Politik. Gerade jetzt erwies sich unter den besonderen Belastungen des Krieges der Dualismus von Reich und Preußen als Problem, etwa im Angesicht der zunehmend ungünstigen Ernährungslage. Hier war die Reichsleitung auf die Tätigkeit der preußischen Verwaltung in besonderem Maße angewiesen.

Unter der dritten Obersten Heeresleitung (Hindenburg und Ludendorff) erreichte die Ausschaltung des Königs und Kaisers in der monarchischen Zeit ihr letztes Stadium. Dies ging bis zum Sturz Bethmann Hollwegs im Juli 1917. Es folgte für kurze Zeit der preußische Ministerpräsident und deutsche Kanzler Michaelis, sodann der vormals bayerische Ministerpräsident Graf Hertling, der nun auch Preußen regierte. Mit ihm und seinem Nachfolger, dem Prinzen Max von Baden, der freilich als vorgesehener Regent des Großherzogtums Baden zwar seit dem Oktober 1918 als preußischer Außenminister die Geschäfte leitete, nicht aber auch zum Ministerpräsidenten ernannt wurde, schließt die Reihe süddeutscher Führungspersonen in der Zeit des preußischen Konstitutionalismus; sie begann 1858 mit dem schwäbischen Fürsten von Hohenzollern-Sigmaringen, dem der Fürst von Hohenlohe-Ingelfingen gefolgt war. Ein anderer Herr aus der alten Reichsgrafschaft Hohenlohe, Hohenlohe-Schillingsfürst, hatte 1894 bis 1900 als Ministerpräsident Preußen regiert, ein Phänomen, dem in umgekehrter geographischer Richtung nichts an die Seite gestellt werden kann.

Die Oberste Heeresleitung hatte politische Reformen verhindert, als Wilhelm II. bzw. das preußische Staatsministerium unter Bethmann sie schon angekündigt hatten (Thronrede vom 13. Januar 1916; Osterbotschaft 1917). Bethmanns Absicht war es gewesen, die Wählerschaft der Sozialdemokratie auch nach dem Kriege für die positive Mitarbeit im Staat zu gewinnen. Er scheiterte, und die Reformblockade durch die Oberste Heeresleitung und das Herrenhaus hielt an, als sich nach dem Zusammenbruch Rußlands und militärischen Frühjahrserfolgen im Westen die militärische Lage seit dem Juli 1918 drastisch verschlechterte. Trotz Einbrüchen der um nordamerikanische Truppen verstärkten Entente-Armeen in die deutschen Linien und trotz sinkender Kampfkraft haben die Truppen im Westen noch im Oktober 1918 in schweren Rückzugskämpfen eine wirkliche militärische Katastrophe, einen Zusammenbruch der Front, verhindern können (Kaehler).

In alledem vermengt sich das Schicksal Preußens mit dem großen weltgeschichtlichen Kontext und speziell dem Untergang des Reiches. Die Verschlechterung der Stimmung unter der Wirkung der britischen Seeblockade, des Hungers, auch des skandalösen Wuchers und der Kälte der Kriegswinter, die wachsende Friedenssehnsucht – das alles war nicht auf Preußen beschränkt. Aber Berlin war ein Zentrum wachsender und zunehmend politisierter Unruhe. Schon seit 1916 hatte sich in Preußen die psychologische Lage deutlich verschlechtert, im Sommer 1918 war geradezu Apathie und zudem Angst vor einem neuen Kriegswinter eingetreten. In Arbeiterschaft und Mittelstand wuchs der „Wunsch ... nach Frieden um jeden Preis" (Kocka), nachdem bis dahin bei militärischen Erfolgen Kriegszielillusionen und Annexionshoffnungen sogar in der Arbeiterschaft nachgewiesen werden können.

Die Wahlrechtsfrage wurde 1918 dramatisch. Der Parlamentarisierung, wie sie prärevolutionär im Oktober 1918 für das Reich vollzogen wurde, folgte kein analoger Reformakt für Preußen nach; immerhin stimmte das Herrenhaus nun in erster Lesung einem allgemeinen Wahlrecht zu. Noch war die Forderung nach Abdankung Wilhelms II. eine ausgesprochene Minderheitenposition. Für den Sturz der deutschen und mit ihr der preußischen Monarchie gab die (3.) Note des nordamerikanischen Präsidenten Wilson (23./24. Oktober) den entscheidenden Impuls; sie wurde durch die Nachrichtenagenturen sofort publiziert. Hier wurde vor jeder Friedensverhandlung im Namen der „Völker der Welt" eine „Systemveränderung" verlangt, die dem „König von Preußen" die „Kontrolle" über das Reich entzöge und die „monarchische Autokratie Deutschlands" – die es freilich nie gegeben hatte – beseitige. Andernfalls müsse sich Deutschland „ergeben". Seit Ende Oktober wurde dementsprechend in Deutschland die öffentliche Forderung nach Abdankung immer lauter, der Druck, etwa auch süddeutscher Blätter, auf Preußen immer stärker. Nun wollten auch führende Großindustrielle, daß Wilhelm II. und der Kronprinz abdizierten. Von der kaiserlichen, der Marine des Reichs ging dann das Signal zur Revolution aus, am 4. November. Die Sozialdemokratie, in sich noch Ende Oktober gespalten wegen der Haltung zur Monarchie, stellte nun am 6. November ein Ultimatum.

Betrachtet man im Kartenbild, wie sich die Revolution im November 1918 ausbreitete, von der Küste bis in den Süden, so fällt auf, daß die ostelbischen Kernlande des preußischen Staates – mit Ausnahme Berlins – bis zum 9. November noch kaum betroffen waren. Der Sturz der deutschen Monarchie riß die preußische mit; ob eine etwas frühere Abdankung Wilhelms II. die Monarchie als solche gerettet hätte, ob die Abdankung als Kaiser eine solche als preußischer König hätte vermeiden helfen, ist schwerlich mit Sicherheit zu entscheiden. Im Hauptquartier, im belgischen Spa, ging am 8. und 9. November aus Berlin ein „Trommelfeuer" (Eisenhart) von Abdankungsforderungen nieder, wie Quellen berichten. Die Abdankungserklärung, die Prinz Max von Baden am 9. November gegen 12 Uhr in die Welt hinausgehen ließ, war – streng genommen – eine sachliche Fälschung. Die Abdankungsurkunde, schon aus dem holländischen Exil datiert, trägt das Datum vom 28. November 1918. In Schloß Doorn ist Wilhelm II. am 4. Juni 1941 gestorben.

VII. Demokratischer Wandel und Untergang

1. Preußen in der Weimarer Republik

Das westeuropäische Ausland hatte im Ersten Weltkrieg alle „Mängel des deutschen politischen Systems ganz überwiegend, wenn nicht ausschließlich dem Fortleben der Vorherrschaft Preußens in Deutschland“ angelastet. „Das vornehmste Ziel, zu dem sich die britische Regierung ... zu Anfang des Ersten Weltkrieges bekannte, war die Beseitigung des preußischen Militarismus und, damit eng verbunden, die Ausschaltung der preußischen Führungseliten in Deutschland“ (W. J. Mommsen). Insofern spielten Preußenbilder und politische Mythen eine wohl mehr als nur periphere Rolle, wie denn auch in den Versailler Dokumenten des Jahres 1919 mehr als deutlich wurde. „Die ganze Geschichte Preußens ist durch den Geist der Beherrschung, des Angriffs und des Krieges charakterisiert. Hypnotisiert durch den Erfolg, mit welchem Bismarck, der Tradition Friedrichs des Großen folgend, die Nachbarn Preußens beraubte und die deutsche Einheit durch Blut und Eisen schmiedete, unterwarf sich das deutsche Volk nach 1871 fast vorbehaltlos dem Einfluß und der Führerschaft seiner preußischen Herrschaft. Der preußische Geist ... konnte durch nichts Geringeres befriedigt werden, als durch Erlangung höchster und autokratischer Gewalt.“ Die „Universitäten, die Presse, die Kanzel“ seien in deren Dienst gestellt worden. Dieses „autokratische Deutschland wollte unter dem Einfluß seiner Lenker mit aller Macht die Vorherrschaft“ in der Welt „erlangen“. So lautete die negative Teleologie der alliierten Sieger nach Aussage ihrer gemeinsamen Mantelnote zum Versailler Vertrag (16. Juni 1919). Der Topos vom „preußischen Geist“, vom „prussian spirit“, spielte auf alliierter Seite auch späterhin eine große Rolle, aus Friedrich Wilhelm I. wurde 1941 in amerikanischer Perspektive „The Potsdam Führer“ (Ergang). Das Verdikt der Alliierten vom Februar 1947 fügte diesem Preußenbild letztlich nichts Neues mehr hinzu.

Gewiß waren dies Stereotypen, aber sie waren nicht alleine diejenigen der äußeren Sieger über Deutschland und Preußen. Die Furcht vor einem großen, von außen betrachtet immer (über-)mächtig und monolithisch erscheinenden Preußen trieb 1918/19 auch in Deutschland viele um. Der linksliberale Staatssekretär Hugo Preuß hat in einer berühmten Verfassungsdenkschrift vom 3. Januar 1919 denn auch das Ende der „preußischen Hegemonie“ in Deutschland postuliert und überhaupt das Ende Preußens gefordert. Dessen Fortbestand sei „schlechthin eine staatsrechtliche, politische und wirtschaftliche Unmöglichkeit“. Ihm ging es 1919 expressis verbis um die „Auflösung Preußens“.

Dagegen gab es in der öffentlichen Meinung, wie er wenig später im Verfassungsausschuß der deutschen Nationalversammlung eingestand, allerdings ganz erhebliche Widerstände. Sogar die Mehrheit der eigenen Partei stand gegen ihn. Vor allem waren es preußische Sozialdemokraten, der Ministerpräsident Paul Hirsch und sein Nachfolger Otto Braun, die unter Betonung des Unterschieds von altem und neuem Preußen sich für dessen Erhalt ganz entschieden einsetzten. Geholfen haben dabei auch Bayern und die süddeutschen Länder überhaupt, deren Furcht vor einem deutschen Einheitsstaat größer war als vor dem nach wie vor großen Preußen.

Preußen wurde, so könnte man zuspitzen, diskriminiert und demokratisiert, diskriminiert in reichsverfassungsrechtlicher Hinsicht: Denn während die alten preußisch-reichischen Personalklammern (Kaiser – König; Reichskanzler – preußischer Außenminister bzw. Ministerpräsident; preußische Minister – Reichsstaatssekretäre) unter den republikanischen Bedingungen nicht mehr erneuert wurden, erfuhr Preußens Gewicht im Reichsrat, der Ländervertretung in der Reichsgesetzgebung, eine drastische Minimierung. Nach Art. 61 der Weimarer Verfassung durfte Preußen nur zwei Fünftel der Gesamtstimmen führen („Clausula antiborussica“). Diese durften aber nicht einheitlich von der preußischen Staatsregierung (fast immer eine „Weimarer“ Koalition aus SPD, katholischem Zentrum und Linksliberalen, zeitweilig unter Einschluß der nationalliberalen DVP) abgegeben werden; vielmehr wurden die preußischen

Stimmen je zur Hälfte vom Staatsministerium und von den – politisch sehr abweichend dominierten – Provinzen instruiert, so daß sich die preußischen Voten sehr oft teilweise, manchmal gar weitgehend aufhoben. Damit wurden die Preußen in der Reichsgesetzgebung gegenüber den Einwohnern der kleineren Reichsländer eindeutig benachteiligt. Otto Braun sprach deshalb gar von einer „Entrechtung" Preußens. Mit dem Militär hatte Preußen amtlich nun nichts mehr zu tun, außer bei Konflikten mit dem Reichswehrministerium über dessen Aktivitäten auf preußischem Boden. Wie alle Länder der deutschen Republik, so war auch Preußen nun nicht mehr, wie bis 1918/19, ein Träger der Souveränität (Anschütz). In der neuen Reichsfinanzverfassung wechselte das Schwergewicht von den Ländern auf das Reich. Der Finanzausgleich zugunsten kleiner, finanzschwacher Länder schuf weitere Disproportionen und politische Verletzungen.

Die Einheit Preußens war nach 1918 ein Argument gegen die Gefahren des Separatismus. Starke Autonomiebestrebungen in Ober-

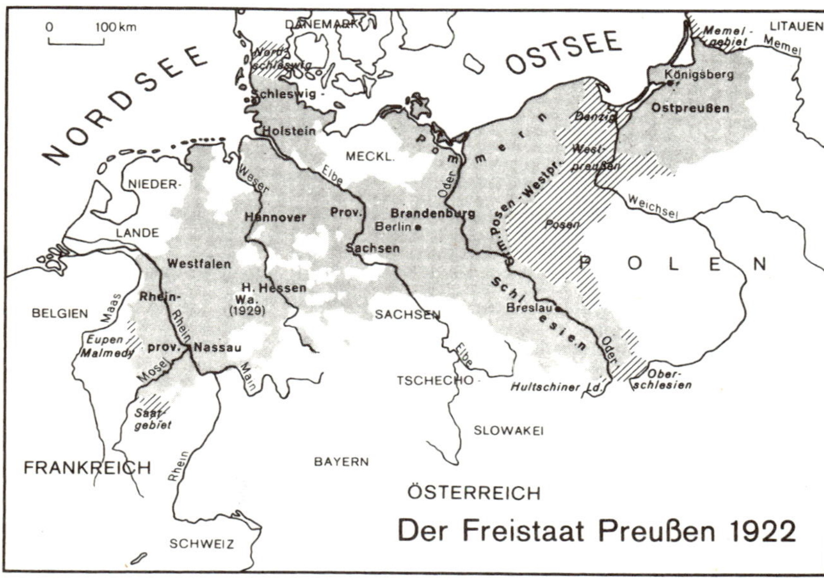

Der Freistaat Preußen 1922

schlesien, in Hannover und dem Rheinland hatten letztlich keinen Erfolg. Aber der Versailler Vertrag, gegen dessen Unterzeichnung sich die Sozialdemokraten Scheidemann und Otto Braun scharf ausgesprochen hatten, traf, soweit es um Gebietsabtretungen ging, ausschließlich Preußen (Posen, Westpreußen, kleinere Gebiete im Westen und Norden). Trotzdem war Preußens Fläche größer als die der Bundesrepublik vor 1990; mit 39,7 Millionen Einwohnern (1933) lebten in Preußen fast so viele Menschen wie in Frankreich. Drei Fünftel aller Deutschen waren Preußen (Bayern und Sachsen zusammen: ein Fünftel). Nach wie vor war Preußen von starker innerer Heterogenität gekennzeichnet, von Tilsit bis Fulda, den Agrarflächen des Ostens bis zu den nun dominanten Industrieschwerpunkten in Mittel- und Westdeutschland, die alle bis auf den sächsischen in Preußen lagen. „Landschaftliche Traditionen" bestimmten politische Präferenzen (Horst Möller); die einzelnen Parteien waren stark regional fundiert. Im Durchschnitt besaß Preußen nach 1918/19 mehr demokratische Wähler als der Rest des Reiches (Arnold Brecht). Gewiß hat es auch hier in den Weimarer Anfangsjahren nach der Phase der „Volksrepublik" Preußen (13. November 1918) noch lange Unruhen gegeben, vor allem kommunistische Aufstände im Ruhrgebiet (1920) und um Halle-Merseburg (1921). Die alliierte Besetzung des preußischen Ruhrgebiets durch alliierte Truppen im Jahre 1923 schuf neue Krisen.

Und obwohl also Preußen von direkten und indirekten Folgen des Versailler Diktats in ganz besonderem Maße betroffen war, wurde gerade Preußen in der Weimarer Zeit zu einem Hort relativer Stabilität, jedenfalls bis zur Landtagswahl des Frühjahrs 1932. Hier war die Parteienzersplitterung geringer als im Reichstag, hier gab es zumeist stabile, langlebigere Regierungen auf demokratischer Mehrheitsbasis. Dieses erneut erneuerte Preußen, das rund 75 % aller Weimarer Koalitionsstimmen des Reichs hervorbrachte, war auf der Basis der Landesverfassung vom 30. November 1920 durchaus integrationskräftig. Zwölf Jahre amtierte der Ostpreuße Otto Braun in Berlin, ebenso lange der Rheinländer Konrad Adenauer, nicht nur Kölner Oberbürgermeister, sondern auch Präsident des preußischen Staatsrats, Haus Leipziger Straße 3 in Berlin, der Vertretung der preußischen Provinzen. Bei allen Gegensätzlichkeiten und manchem Kleinkrieg einte sie die Distanz zur wilhelminischen Tradition.

Vor allem nach dem Kapp-Putsch des Jahres 1920 war der preußische Beamtenapparat gründlich umgebaut worden. Wie Otto Braun postum bezeugte, hat das preußische Beamtentum nach Novemberrevolution und „kurzer vorübergehender Direktionslosigkeit" seinen „Dienst getan", und zwar aus „gut preußischer Pflichtauffassung". Leitende Positionen wurden nun mit Anhängern der Republik neu besetzt. Probleme habe es gegeben wegen des nur begrenzten „Reservoir(s) geeigneter Kräfte". Die Stellen der Ober- und Regierungspräsidenten, Landräte und Polizeichefs wurden jetzt nach Parteiproporz vergeben, auch das eine wirksame Methode zur Integration einer neuen Staatselite, unter drastischer Schwächung amtsadliger Traditionen. Das Ergebnis war eine „keineswegs vollständige, aber doch weitgehende Republikanisierung des politischen Beamtenapparats Preußens" (Horst Möller). Dieser Beamtenapparat verwaltete von der einen Seite der Wilhelmstraße also fast zwei Drittel des Reichsgebiets. Die Reichsregierung wollte von der anderen Straßenseite der Wilhelmstraße hundert Prozent des Reiches beherrschen, war aber auf die preußische Verwaltung zur Durchführung ihrer Weisungen angewiesen. Das Reich besaß z. B. keine eigenen Polizeikräfte. Die Reibungsverluste waren enorm; sie wurden von kompeteten Zeitgenossen auf ein Drittel der ganzen Verwaltungsarbeit geschätzt. Otto Braun versuchte, dem Problem mit Rückgriff auf die früheren Personalunionen von Ämterspitzen beizukommen, scheiterte dabei aber u. a. am parteipolitischen Widerstand, auch dem aus der eigenen SPD. Bei verschiedener Parteicouleur der Kabinette von Reich und Preußen kam es auch schon in den besseren zwanziger Jahren zu Konflikten, so 1927, als Braun drohte, die Beziehungen zum Reichsinnenminister abzubrechen. Mit dem Beginn der Welt-Wirtschaftskrise wurde das diffizile Verhältnis von Reich und Preußen noch ungleich komplizierter, da das ja nun im Besitz der Finanzverwaltung befindliche Reich die drückende materielle Abhängigkeit Preußens systematisch instrumentalisierte: Das Reich griff hart ein in preußische Landesrechte. Dabei wuchs die Krise, auch die Krawalle wurden lauter und blutiger, sowohl in der Provinz als auch auf dem Kurfürstendamm. Die Agitatoren tobten, manchmal, wie bei einem Volksbegehren im Jahre 1931, die der NSDAP und der KPD gemeinsam gegen den Landtag der preußischen Republik. Die Nationalsozialisten wurden in Preußen seit jeher, schon seit 1922 hart bekämpft.

Die Probleme wuchsen seit 1930, und um so mehr wünschte Otto Braun eine staatsstärkende Verbindung von Preußen und Reich. Die Aprilwahl des Jahres 1932 brachte ihm und der Weimarer Koalition (SPD, Zentrum, Liberale) eine Erdrutschniederlage. Der Regierung fehlte die Mehrheit, dem Landtag mit erstarkten radikalen Flügeln fehlte die Fähigkeit zum neuen konstruktiven Konsens. Stärkste Partei war die NSDAP, und selbst unter den Sozialdemokraten Preußens gab es vereinzelte Stimmen, doch den Weg für die Wahlsieger freizumachen. Der entscheidende Schlag gegen Preußens halbe Selbständigkeit wurde vom Reichskanzler Franz von Papen, aus westfälischem Adel und vom rechten Zentrumsflügel, sowie seiner rechtskonservativen Minderheitsregierung geführt. Gewiß, die Straßenschlachten in Preußen hatten sich dem Bürgerkriegsstadium bedenklich genähert (17. Juli: 18 Tote). Aber die Amtsenthebung der geschäftsführenden Regierung Otto Brauns auf der Basis des Reichs-Notverordnungsrechts am 20. Juli 1932, der „Preußenschlag", hatte das Ziel, überhaupt das preußische Potential in die Hand des Reichs zu bekommen und den Gegensatz zwischen dem Reich und Preußen jetzt ein für alle mal zu überwinden, nun freilich im Sinne einer autoritären Perspektive.

Hinter der Amtsenthebung der preußischen Regierung Brauns durch die Reichsregierung vom 20. Juli stand die Drohung mit harter Reichswehr-Gewalt; der militärische Ausnahmezustand wurde über Berlin und Brandenburg verhängt, die preußische Polizei schon gleichgeschaltet. War preußischer Widerstand mit Gewalt, der Kampf von Polizei gegen Armee, überhaupt möglich, war er zu verantworten – war er geschichtlich gefordert? Kurioserweise hatte ja Papen das erzwungen, was Braun – natürlich unter anderen politischen Vorzeichen – selbst angedacht hatte und unter anderen politischen Vorzeichen begrüßt haben würde. So verlegte sich Preußen auf eine Verfassungsklage vor dem Staatsgerichtshof, während in Preußen Reichskommissare regierten und die Beamtenpolitik der letzten zehn Jahre revidierten. Das Urteil des Staatsgerichtshofs vom 25. Oktober war sibyllinisch. Im Ergebnis regierten nun zwei preußische Regierungen: diejenige Otto Brauns und die der Reichskommissare Franz von Papens. So wurde z. B. Gerhard Hauptmann am 15. November 1932 die preußische Staatsmedaille gleich zweimal verliehen.

2. Das nationalsozialistische Ende

Eine Woche nach Adolf Hitlers Machtergreifung wurde am 6. Februar 1933 die Regierung Otto Brauns ein zweites Mal kurzerhand amtsentsetzt. Papen trat pro forma an seine Stelle, kommissarischer preußischer Innenminister war nun: Hermann Göring. Der Widerstand, von Otto Braun und Konrad Adenauer gemeinsam getragen, war vergeblich geblieben. Der am 5. März 1933 neu gewählte Landtag ergab mit 43,2 % NSDAP plus 8,8 % Deutschnationaler die Mehrheit für eine Regierung Görings (Ernennung durch Hitler zum Ministerpräsidenten: 11. April), sehr rasch unter Ausschaltung des Landtages.

Die letzte Phase preußischer Historie ist gekennzeichnet vom ideologisch-propagandistischen Gebrauch, wie Goebbels „Talentprobe", dem „Tag von Potsdam" (21. März 1933), und innernationalsozialistischem Fraktionismus. Preußenfilme wurden weiterhin gedreht, freilich schon weniger als vor der „Machtergreifung". Am 11. Februar 1934 wurden alle monarchistischen Vereine verboten. Kein Geld floß für preußische Geschichtsforschungen.

Der Staat Preußen wurde nicht eigentlich ein Instrument der NSDAP per se; auch in ihr gab es starke Aversionen gegen den „Wilhelminismus". Preußen wurde speziell zum Instrument Hermann Görings, seine Waffe für seinen Statuserhalt in der Polykratie des Dritten Reiches. Das preußische Staatsministerium war für ihn ein Zentrum eigener Machtpolitik. In seiner Eigenschaft als preußischer Innenminister hat er im Oktober 1933 die Internierung von „Schutzhäftlingen“ in Lagern angeordnet.

Die Ernennung preußischer Minister und Beamter war fortan immer auch ein Stück Machterweiterung Görings (Kube). Der mit Gesetz vom 8. Juli 1933 geschaffene neue preußische Staatsrat sollte in diesem Sinne wirken. Hitlers Perspektive war die des Reichs, Görings die des Landes Preußen – Fortsetzung älterer Rivalitäten im braunen Gewande. Der Staatsrat war die Instanz, in der Göring den Kontakt mit den preußischen Eliten herzustellen suchte, in wachsendem Konflikt mit dem radikalen Parteiflügel und der SS. Für Mitglieder des exklusiven Staatsrats-Kreises bedeutete diese Zugehörigkeit bisweilen lebenserhaltenden Schutz, wenn die SS z. B. gegen Gustaf Gründgens oder den katholischen Staatsrechtslehrer Carl Schmitt zum Angriff ansetzte.

Göring verteidigte fortan verbissen sein Reich, auch gegen Übergriffe der Parteiinstanzen. Dahinter stand eine Konkurrenz von nationalsozialistischen Machtgruppierungen bzw. Fraktionen, in der die preußischen Traditionen eine neue, stille Niederlage erlitten. Die fortschreitende Gleichschaltung der Länder seit dem Reichsgesetz vom 30. Januar 1934 schwächte automatisch die Stellung des preußischen Ministerpräsidenten Göring, so auch die Übertragung der Hoheitsrechte auf das Reich, die Unterstellung der Länder unter die Reichsregierung. Bald nahm Hitler Göring sein Innenministerium, weitere preußische wurden 1934/35 mit Reichsministerien vereinigt, wodurch freilich preußisches Personal in Reichsressorts in der Größenordnung einiger Hundert eintrat. Was Göring blieb, das waren dekorative Ämter, was er früh verlor, war wirkliche (preußische) Macht. Der Finanzminister Popitz blieb der einzige allein preußische Fachminister; er fiel in Folge des Attentats vom 20. Juli 1944. Sitzungen des Staatsministeriums hat es offenbar bis Frühjahr 1938 gegeben.

All diese Spätzuckungen Preußens blieben jenseits der Fronten des neuen Weltkrieges ebenso unbeachtet wie etwa Anlässe zur Differenzierung der Preußenklischees aus jüngeren politischen Erfahrungen in Weimarer Jahren. In Fortschreibung der Siegerphilosophie des Jahres 1919 wurde nun der Nationalsozialismus Ausdruck von „Preußentum“, Hitler galt als Emanation des „Prussian spirit“. England kämpfte seit 1939/40 erneut gegen ein Preußen, mit mindestens vier Jahrzehnte alten Argumenten. Das Ziel, die ostmitteleuropäischen Bevölkerungsstrukturen, wie sie seit der mittelalterlichen Germania-slavica-Zeit bestanden, durch „Bevölkerungsverschiebungen“ zu zerschlagen, war nun ausdrücklich ein Teil des Kampfes gegen „Preußen“. Die Eliminierung des „Junkertums“ gehörte dazu. Der Verweis von Fachleuten auf süddeutsch-österreichische Wurzeln des Nationalsozialismus hat bei Churchill, der noch 1943 Norddeutschland und Preußen für identisch hielt und unter seinen geographischen Unsicherheiten nicht litt, nichts gefruchtet.

So war die Eliminierung Preußens, wie sie formaliter per Kontrollratsgesetz vom 25. Februar 1947 erfolgte, nicht zuletzt ein Resultat von Preußen-Feind-Bildern, wie sie auch noch nach Jahrzehnten, in gekonnter Distanz zu Forschungsbefunden, populäre und popularisierte Geschichtssichten überwuchern. Dabei lohnt heute, angesichts der Europäisierung unserer Perspektiven, mehr denn je ein differenzierender Blick auf ein Preußen, das sich angesichts neuerer Forschungen mehr denn je dem Klischee entzieht.

Schaupfennig des Prinzen Friedrich, des späteren Friedrichs II./I. mit der Devise „Suum cuique“ (1673)

Quellen und Literatur
(Titel gekürzt)

Zunächst werden einige bibliographische Hilfsmittel angegeben, sodann folgen zu den einzelnen Hauptkapiteln die Materialien in der Reihenfolge, in der sie in den Text eingegangen sind; Archivquellen wurden ggf. vorangestellt.

Eine ausreichende Handbibliographie zur preußischen Geschichte gibt es noch nicht; vgl. vorläufig: Wolfgang Neugebauer, *Auswahlbibliographie zur preuß. Geschichte*, in: Otto Büsch/W. Neugebauer (Hg.), *Moderne Preuß. Geschichte 1648–1947. Eine Anthologie*, Bd. 3, Berlin-New York 1981, S. 1677–1764; *Handbuch der Preuß. Geschichte*, Bd. 2, ebd. 1992, Bd. 3, 2001, Bd. 1 in Vorb.; gute Lit. bei Gerd Heinrich, *Preußen*, 2. Aufl., Frankf. usw. 1984, S. 575–609; ders. in: *Dahlmann-Waitz*, Lfg. 56, Stuttgart 1987; die neuere Lit. in den Zeitschriften: *Forschungen zur Brandenburgischen und Preußischen Geschichte, Neue Folge* 1 ff. (1991 ff.), zit.: FBPG; *Jahrbuch für die Geschichte Mittel- und Ostdeutschlands*, Bd. 1 ff. (1952 ff.), zuletzt 50 (2004), zit.: JGMOD; *Jahrbuch für brandenburgische Landesgeschichte* 1 ff. (1950 ff.), zuletzt 55 (2004); nach wie vor wichtiges älteres Material: *Zeitschrift für Preußische Geschichte und Landeskunde* 1–20 (1864–1883), zit.: ZPGL; wichtige Reihe: *Neue Forschungen zur Brandenburg-Preußischen Geschichte*, Bd. 1–9, Köln-Wien 1979–1988, zit.: NFBPG; als Zugang zur polnischen Lit. jetzt Bogdan Wachowiak u. a., *Dzieje Brandenburgii-Prus*, Bd. 1, Poznań 2001; ders. (Red.), *Dzieje Brandenburgii i Prus w historiografii*, Warszawa-Poznań 1988.

Wichtige benutzte Archivalien in: *Geheimes Staatsarchiv Preußischer Kulturbesitz*, zit.: GStA PK; *Woiwodschaftsarchiv Olsztyn/Allenstein*, zit. WAPO (Wojewódzkie Archiwum Panstwowe w Olsztynie); *Brandenburgisches Landeshauptarchiv Potsdam*, zit.: BLHA.

Zu I: Klaus Zernack, *Osteuropa*, München 1977; W. Neugebauer, *Brandenburg-preußische Geschichte nach der deutschen Einheit. Vor-*

aussetzungen und Aufgaben, (zuerst 1992), überarb. in: Wolfgang Ribbe (Hg.), *Die Historische Kommission zu Berlin*, Potsdam 2000, S. 19–53; W. Neugebauer, *Das alte Preußen – Aspekte der neuesten Forschung*, in: *Historisches Jahrbuch* 122 (2002), S. 463–482.

Zu II: Wolfgang H. Fritze (Hg.), *Germania Slavica I*, Berlin 1980; Helmut Beumann (Hg.), *Heidenmission und Kreuzzugsgedanke ... des Mittelalters*, Darmstadt 1973; Walter Schlesinger (Hg.), *Die deutsche Ostsiedlung des Mittelalters als Problem der europäischen Geschichte*, Sigmaringen 1975; Reinhard Wenskus, *Ausgewählte Aufsätze*, Sigmaringen 1986; Hartmut Boockmann, *Ostpreußen und Westpreußen*, Berlin 1992; W. Neugebauer, *Politischer Wandel im Osten*, Stuttgart 1992; ders., *Staatliche Einheit und politischer Regionalismus. Das Problem der Integration in der brandenburg-pr. Geschichte bis 1740*, in: *Der Staat.* Beiheft 12 (1998), S. 49–87; ders., *Die Hohenzollern*, Bd. 1, Stuttgart usw. 1996; ders., *Zentralprovinz im Absolutismus. Brandenburg im 17. und 18. Jahrhundert*, Berlin 2001; Karl Hermann Zwanziger, *Das fränkische Element in der Mark Brandenburg im 15. Jahrhundert*, in: *Archiv für Geschichte und Altertumskunde von Oberfranken* 20/3 (1898), S. 65–95; Albert Werminghoff, *Ludwig von Eyb der Ältere*, Halle a. d. S. 1919; Reinhard Seyboth, *Die Markgraftümer Ansbach und Kulmbach unter der Regierung Markgraf Friedrichs des Älteren (1486–1515)*, Göttingen 1985; Adolf Friedrich Riedel, *Geschichte des Preußischen Königshauses*, 2 Teile, Berlin 1861; ders., *10 Jahre aus der Geschichte der Ahnherren des Preußischen Königshauses*, Berlin 1851; Erich Brandenburg, *König Sigmund und Kurfürst Friedrich I. von Brandenburg*, Berlin 1891; Hans Rosenberg, *Machteliten und Wirtschaftskonjunkturen*, Göttingen 1978; Felix Priebatsch, *Die Hohenzollern und der Adel in der Mark*, in: *Historische Zeitschrift* (HZ) 88 (1902), S. 193–246; Georg Wilhelm von Raumer (Hg.), *Codex Diplomaticus Brandenburgensis Continuatus*, 2 Teile, Berlin-Elbing 1831/33; Francis L. Carsten, *Die Entstehung Preußens*, Köln-Berlin 1968; Walther Schotte, *Fürstentum und Stände in der Mark Brandenburg unter der Regierung Joachims I.*, Leipzig 1911; G. A. v. Mülverstedt, *Die ältere Verfassung der Landstände in der Mark Brandenburg*, Berlin 1858; Bernhard Landmesser, *Die Stände der Kurmark Branden-*

burg unter Joachim II., Borna-Leipzig 1929; Gerd Heinrich, *Der Adel in Brandenburg-Preußen*, in: Hellmuth Rössler (Hg.), *Deutscher Adel 1555–1740*, Darmstadt 1965, S. 259–314; mit weiterer Lit.: Manfred Rudersdorf/Anton Schindling, *Kurbrandenburg*, in: Anton Schindling/Walter Ziegler (Hg.), *Die Territorien des Reichs im Zeitalter der Reformation und Konfessionalisierung*, Bd. 2, Münster 1990, S. 34–66; W. Neugebauer, *Residenz – Verwaltung – Repräsentation*, Potsdam 1999; Georg Droege, *Die finanziellen Grundlagen des Territorialstaats ...*, in: *Vierteljahrsschrift für Sozial- und Wirtschaftsgeschichte* (VSWG) 53 (1966), S. 145–161; Martin Hass, *Die kurmärkischen Stände im letzten Drittel des 16. Jahrhunderts*, München-Leipzig 1913; Peter Baumgart, *Zur Geschichte der kurmärkischen Stände im 17. und 18. Jahrhundert*, in: Dietrich Gerhard (Hg.), *Ständische Vertretungen in Europa im 17. und 18. Jahrhundert*, 2. Aufl., Göttingen 1974, S. 131–161; Walther Hubatsch, *Albrecht von Brandenburg-Ansbach*, Heidelberg 1960; Stefan und Heidrun Dolezel (Bearb.), *Die Staatsverträge des Herzogtums Preußen*, Tl. 1, Köln-Berlin 1971; S. Dolezel, *Das preußisch-polnische Lehnsverhältnis unter Herzog Albrecht von Preußen*, Köln-Berlin 1967; Norbert Ommler, *Die Landstände im Herzogtum Preussen 1543–1561*, Phil. Diss. Bonn 1967; Udo Arnold, *Ständeherrschaft und Ständekonflikte im Herzogtum Preußen*, in: Peter Baumgart (Hg.), *Ständetum und Staatsbildung in Brandenburg-Preussen*, Berlin-New York 1983, S. 80–107; wichtige Quelle: *Privilegia Der Stände deß Hertzogthums Preussen ...*, Braunsberg 1616.

Zu III: GStA PK, I. HA, Rep. 36, Rep. 96; II. HA, Gen. Dir. Magdeburg; BLHA Potsdam, Rep. 2, Rep. 23 A, Rep. 23 B. – Seyboth s. II; Dolezel s. II; Jürgen Petersohn, *Staatskunst und Politik des Markgrafen Georg Friedrich von Brandenburg ...*, in: *Zeitschrift für bayerische Landesgeschichte* 24 (1961), S. 229–276; Hermann von Caemmerer (Hg.), *Die Testamente der Kurfürsten von Brandenburg und beiden ersten Könige von Preußen*, München-Leipzig 1915; Otto Hintze, *Die Hohenzollern und ihr Werk*, Berlin 1915; Reinhold Koser, *Geschichte der brandenburg-preußischen Politik*, 2. Aufl., Stuttgart-Berlin 1913; Theodor von Moerner, *Kurbrandenburgs Staatsverträge von 1601 bis 1700*, Berlin 1867; Melle Klinkenborg (Hg.),

Acta Brandenburgica, Bd. 1–4, Berlin 1927–1930; Gerhard Oestreich, *Der brandenburg-preuß. Geheime Rat bis ... 1651*, Würzburg 1937; ders., *Friedrich Wilhelm. Der Große Kurfürst*, Göttingen 1971; Heinrich Otto Meisner, *Die monarchische Regierungsform in Brandenburg-Preußen*, in: *Festgabe für Fritz Hartung*, Berlin 1958, S. 219–245; Otto Hintze, *Gesammelte Abhandlungen*, 3 Bde., 2. bzw. 3. Aufl., hg. von G. Oestreich, Göttingen 1962–1970; Kurt Breysig, *Geschichte der brandenburgischen Finanzen in der Zeit von 1640 bis 1697*, 1. Bd., Leipzig 1895; Bd. 2 von Friedrich Wolters, München-Leipzig 1915 (m. Quellen); Ulrich Stutz, *Kurfürst Johann Sigismund und das Reformationsrecht*, o. O. 1922; Rudersdorf/Schindling (s. o. II), S. 60; Curt Jany, *Lehndienst und Landfolge unter dem Großen Kurfürsten*, in: *FBPG* 8 (1895), S. 419–467; ders., *Geschichte der Kgl. Preußischen Armee*, 1. Bd., Berlin 1928; Eberhard Faden, *Berlin im Dreißigjährigen Kriege*, Berlin 1927; Otto Meinardus, *Protokolle und Relationen des Brandenburgischen Geheimen Rathes*, Bd. 1–7, Leipzig 1889–1919; W. Neugebauer, *Zentralprovinz*, s. II (mit Lit. zu versch. Bereichen, u. a. zur Wirtschaftsgeschichte); Burkhard von Bonin, *Der kurbrandenburgische Kriegsrat*, in: *FBPG* 15 (1913), S. 51–89; L. Tümpel, *Die Entstehung des brandenbg.-preuß. Einheitsstaates*, Breslau 1915; Fritz Dickmann, *Der Westfälische Frieden*, 3. Aufl., Münster 1972; P. Baumgart, *Kurbrandenburgs Kongreßdiplomatie und ihre Ergebnisse*, in: Heinz Duchhardt (Hg.), *Der Westfälische Friede*, München 1998, S. 469–484; Gerd Heinrich (Hg.), *Ein sonderbares Licht in Teutschland*, Berlin 1990 (darin bes. die Beiträge von Johannes Kunisch, Anton Schindling); W. Neugebauer, *Die Stände in Magdeburg, Halberstadt und Minden*, in: P. Baumgart (Hg.), *Ständetum und Staatsbildung in Brandenburg-Preußen*, Berlin-New York 1983, S. 170–297; Ernst Opgenoorth, *Friedrich Wilhelm. Der Große Kurfürst von Brandenburg*, 2 Bde., Göttingen 1971–1778, zit.: I, S. 60; Christian Otto Mylius (Hg.), *Corpus Constitutionum Marchicarum ...*, bes. Tl. 1–6, Berlin-Halle 1737–1751 (grundlegende Ediktensammlung); W. Neugebauer, *Die Leibeigenschaft in der Mark Brandenburg*, in: *Festschrift für Lieselott Enders*, Weimar 1997, S. 225–241 (in diesem Bande Nachweis der einschlägigen Schriften von L. Enders, S. 474 ff. – statt Einzelnachweisen); Hartmut Harnisch, *Probleme einer Periodisierung und re-*

gionalen Typisierung der Gutsherrschaft im mitteleuropäischen Raum, in: *Jahrbuch für Geschichte des Feudalismus* 10 (1986), S. 251–274; Carsten, *Entstehung*, s. II; Hartmut Harnisch, *Die Gutsherrschaft in Brandenburg*, in: Ingrid Mittenzwei/Karl-Heinz Noack (Hg.), *Preußen in der deutschen Geschichte vor 1789*, Berlin 1983, S. 67–101; Meinardus, IV, Zitat S. 508; Hahn und Heinrich in: Baumgart, *Ständetum*, s. o.; Reinhold Petsch, *Verfassung und Verwaltung Hinterpommerns im 17. Jahrhundert*, Leipzig 1907; Leo Wollenhaupt, *Die Cleve-Märkischen Landstände im 18. Jahrhundert*, Berlin 1924; Otto Hötzsch, *Stände und Verwaltung von Cleve und Mark 1666–1697*, Leipzig 1908; Hugo Rachel, *Der Große Kurfürst und die ostpreußischen Stände 1640–1688*, Leipzig 1905; Robert Bergmann, *Geschichte der ostpreußischen Stände und Steuern 1688–1704*, Leipzig 1901; W. Neugebauer, *Standschaft als Verfassungsproblem*, Goldbach 1995; Ernst Opgenoorth, *Herzog Friedrich Wilhelm ?*, in: Udo Arnold (Hg.), *Preußen und Berlin*, Lüneburg 1981, S. 83–97; Gustav Schmoller, *Umrisse und Untersuchungen ...*, Leipzig 1898; Curt Jany, *Die alte Armee 1655–1740*, Berlin 1905; die Bevölkerungszahl bei Otto Behre, *Geschichte der Statistik in Brandenburg-Preussen ...*, Berlin 1905, S. 198; Anton Schindling, *Die Anfänge des Immerwährenden Reichstages zu Regensburg*, Mainz 1991; Karl Otmar Frhr. v. Aretin, *Das Alte Reich 1648–1806*, Bd. 1, Stuttgart 1993, S. 281–291, S. 409; in *NFBPG* 7, Köln-Wien 1987, die Abhandlungen von Anton Schindling und Ernst Opgenoorth; Heinz Duchhardt, *Altes Reich und europäische Staatenwelt 1648–1806*, München 1990; Axel Gotthard, *Der „Grosse Kurfürst“ und das Kurkolleg*, in: *FBPG* NF 6 (1996), S. 1–54; Wolfgang Neugebauer, *Friedrich III./I. (1688–1713)*, in: Frank-Lothar Kroll (Hg.), *Preussens Herrscher*, München 2000, S. 113–133, und die Nachweise S. 324–327; W. Neugebauer, *Herrschaft, Regierung, Verwaltung in Brandenburg-Preussen um 1700*, in: *Preußen um 1701. Eine europäische Geschichte. Essays*, (Berlin) 2001, S. 90–100; Carl Hinrichs, *Friedrich Wilhelm I. König in Preußen. Eine Biographie. Jugend und Aufstieg*, 2. Aufl., Hamburg 1943; die Beiträge von P. Baumgart und H. Duchhardt in: Heinrich, *Licht* (s. o.); W. Neugebauer, *Die Hohenzollern*, Bd. 1, Stuttgart 1996, S. 185 (nach Lünig: Theatrum I); Barbara Stollberg-Rilinger, *Höfische Öffentlichkeit ...*, in: *FBPG* NF 7 (1997), 1998, S. 145–176;

H. Duchhardt, *Anspruch und Architektur: Das Beispiel Berlin*, in: *FBPG* NF 1 (1991), S. 31–52,

Zu IV: GStA PK Berlin-Dahlem, I. HA, Rep. 36, Rep. 52, Rep. 96, II. HA, X. HA, Rep. 2B, Rep. 40; XX. Hauptabt., Staatsarchiv Königsberg; BLHA Potsdam, Rep. 2; grundlegende Edition (mit darstellenden Teilen): *Acta Borussica ... Reihe: Die Behördenorganisation ...*, Bd. 1–16 (in 21), bearb. von G. Schmoller, O. Hintze, u. a., Berlin(-Hamburg) 1894–1982; W. Neugebauer, *Das preußische Kabinett in Potsdam*, in: *Jahrbuch für brandenburgische Landesgeschichte* 44 (1993), S. 59–115; ders., *Monarchisches Kabinett und Geheimer Rat*, in: *Der Staat* 33 (1994), S. 511–535; ders., *Staatsverwaltung, Manufaktur und Garnison*, in: *FBPG* NF 7 (1997), S. 233–257; ders., *Vom höfischen Absolutismus zum fallweisen Prunk ...*, in: Klaus Malettke u. a. (Hg.), *Hofgesellschaft und Höflinge an europäischen Fürstenhöfen der Frühen Neuzeit*, Münster usw. 2001, S. 113–124; Johannes Kunisch, *Funktion und Ausbau der kurfürstlich-königlichen Residenzen in Brandenburg-Preussen ...*, in: *FBPG* NF 3 (1993), S. 167–192; Hans Haussherr, *Verwaltungseinheit und Ressorttrennung*, Berlin 1953; Wolfgang Neugebauer, *Zur neueren Deutung der preußischen Verwaltung im 17. und 18. Jahrhundert*, in: Büsch/Neugebauer (s. o.), Bd. 2, S. 541–597; Hubert C. Johnson, *Frederick the Great and His Officials*, New Haven-Londen 1975; Edith Ruppel-Kuhfuss, *Das Generaldirektorium unter der Regierung Friedrich Wilhelms II.*, Würzburg 1937; Neugebauer, *Integration*, s. II; Heide Wunder, *Aspekte der Gutsherrschaft im Herzogtum und Königreich Preußen ...*, in: Jan Peters (Hg.), *Gutsherrschaftsgesellschaften im europäischen Vergleich*, Berlin 1997, S. 225–250; Gerd Heinrich, *Staatsaufsicht und Stadtfreiheit*, in: Wilhelm Rausch (Hg.), *Die Städte Mitteleuropas im 17. und 18. Jahrhundert*, Linz/Donau 1981, S. 155–172; Kurt Hinze, *Die Arbeiterfrage zu Beginn des modernen Kapitalismus in Brandenburg-Preußen 1685–1806*, 2. Aufl., Berlin 1963; Hugo Rachel, *Der Merkantilismus in Brandenburg-Preußen*, in: *FBPG* 40 (1927), S. 221–260; Carl Hinrichs, *Die Wollindustrie in Preußen unter Friedrich Wilhelm I.*, Berlin 1933, Neudruck Frankfurt/M. 1986/87, Zit. S. 286; Hartmut Harnisch, *Preußisches Kantonsystem und ländliche Gesellschaft*, in: Berhard R. Kroener u. a.

(Hg.), *Krieg und Frieden*, Paderborn usw. 1996, S. 137–165; Jürgen Kloosterhuis, *Bauern, Bürger und Soldaten ... 1713–1803*, Münster 1992; Frank Göse, *Die Struktur des kur- und neumärkischen Adels*, in: *FBPG* NF 2 (1992), S. 25–46; Wolfgang Neugebauer, *Der Adel in Preussen im 18. Jahrhundert*, in: Ronald G. Asch (Hg.), *Der europäische Adel im Ancien Regime*, Köln usw. 2001, S. 49–76; G. Oestreich, *Friedrich Wilhelm I.*, Göttingen 1977; Elisabeth Charlotte Broicher, *Der Aufstieg der Preußischen Macht von 1713–1756 ...*, Phil. Diss. Köln 1955; Volker Sellin, *Friedrich der Große und der aufgeklärte Absolutismus*, in: *Fs. Conze*, Stuttgart 1976, S. 83–112; dazu Gottfried Niedhart, *Aufgeklärter Absolutismus oder Rationalisierung der Herrschaft*, in: *Zeitschrift für Historische Forschung* 6 (1979), S. 199–211; Günter Birtsch (Hg.), *Reformabsolutismus im Vergleich*, Hamburg 1996 (wichtige Beiträge!); Gerhard Ritter, *Friedrich der Große*, 3. Aufl., Heidelberg 1954; aus den Schriften von Reinhold Koser: *Vom Berliner Hofe um 1750*, in: *Hohenzollern Jahrbuch* 7 (1903), S. 1–37; Wolfgang Neugebauer, *Hof und politisches System in Brandenburg-Preußen*, in: *JGMOD* 46 (2001), S. 139–169; Walther Mediger, *Moskaus Weg nach Europa*, Braunschweig 1952; Johannes Kunisch, *Das Mirakel des Hauses Brandenburg*, München-Wien 1978; ders., *Der Ausgang des Siebenjährigen Krieges*, in: *ZHF* 2 (1975), S. 173–222; Lothar Schilling, *Kaunitz und das Renversement des alliances*, Berlin 1994; Dieter Ernst Bangert, *Die russisch-österreichische militärische Zusammenarbeit ... 1758–1759*, Boppard am Rhein 1971; Max Braubach, *Versailles und Wien von Ludwig XIV. bis Kaunitz*, Bonn 1952; Richard Nürnberger, *Friedrich der Große als Staatsmann*, in: *NFBPG* 8, S. 93–108; Wolfgang Neugebauer, *Zwischen Preußen und Rußland*, in: *Fs. Birtsch*, Stuttgart usw. 1999, S. 43–76; Rolf Straubel, *Beamte und Personalpolitik im altpreußischen Staat*, Potsdam 1998; Wolfgang Neugebauer, *Adelsständische Tradition und absolutistische Herrschaft. Zur politischen Kultur Westpreußens nach 1772*, in: *Nordost-Archiv* 7 (1997), Lüneburg (1999), S. 629–647; ders., *Das Problem von Reform und Modernisierung auf dem ostpreußischen Landtag des Jahres 1798*, in: *ZNR* 19 (1997), S. 177–192; Max Springer, *Die Coccejische Justizreform*, München–Leipzig 1914; Peter Krause, *Die Überforderung des aufgeklärten Absolutismus Preußens durch die Ge-*

setzgebung, in: *FBPG* NF, Beiheft 3, Berlin 1998, S. 131–211; Neugebauer, *Wandel*, s. II; Andreas Schwennicke, *Der Einfluß der Landstände auf die Regelungen des Preußischen Allgemeinen Landrechts von 1794*, in: *FBPG* NF, Beiheft 3, S. 113–129; Wolfgang Neugebauer, *Bildung, Erziehung und Schule im Alten Preußen*, in: Karl-Ernst Jeismann (Hg.), *Bildung, Staat, Gesellschaft im 19. Jahrhundert*, Stuttgart 1989, S. 26–43; W. Neugebauer, *Staatswirksamkeit in Österreich und Preußen im 18. Jahrhundert*, in: a. a. O., S. 103–115; ders., *Bildung und Staatsbildung in der Frühen Neuzeit*, in: *Berliner Wissenschaftliche Gesellschaft. Jahrbuch 2000*, (Berlin 2001), S. 57–69; Anton Friederich Büsching, *Beyträge zu der Lebensgeschichte denkwürdiger Personen ... 5. Tl.: Charakter Friederichs des zweyten*, Halle 1788, zit. S. 79; Horst Möller, *Aufklärung in Preussen*, Berlin 1974; Rudolf Malter, *Königsberg und Kant ...*, in: *Jahrbuch der Albertus-Universität zu Königsberg/Pr. 26/27 (1986), S. 5–25 (mit Lit.)*; Karl Otmar Freiherr von Aretin, *Tausch, Teilung und Länderschacher als Folgen des europ. Gleichgewichtssystems*, in: *JGMOD* 30 (1981), S. 53–68; Frank Althoff, *Untersuchungen zum Gleichgewicht der Mächte in der Außenpolitik Friedrichs des Großen*, Berlin 1995; Lothar Schilling, *Wie revolutionär war die diplomatische Revolution?*, in: *FBPG* NF 6 (1996), S. 163–202; Gustav Berthold Volz, *Friedrich der Große und die erste Teilung Polens*, in: *FBPG* 23 (1910), S. 71–143; Eckhard Buddruss, *Die französische Deutschlandpolitik 1756–1789*, Mainz 1995; Volker Press, *Friedrich der Grosse als Reichspolitiker*, in: Heinz Duchhardt (Hg.), *Friedrich der Große, Franken und das Reich*, Köln-Wien 1986, S. 25–56; Anton Schindling, *Friedrich der Große und das reichische Deutschland*, in: Wolfgang J. Kaiser (Hg.), *Friedrich der Große. Sein Bild im Wandel der Zeiten*, Frankfurt am Main 1986, S. 13–24; Otto Hintze, *Friedrich d. Gr. nach dem Siebenjährigen Kriege und das pol. Testament von 1768*, in: ders., Ges. Abh. 3, S. 449–503; David E. Barclay, *Friedrich Wilhelm II.*, in: Kroll (s. III), S. 179–196, S. 331; Wolfgang Neugebauer, *Absolutistischer Staat und Schulwirklichkeit in Brandenburg-Preußen*, Berlin-New York 1985; wichtig: Gerd Heinrich, *Friedrich Wilhelm II. von Preußen*, in: *Friedrich Wilhelm II. und die Künste*, o. O. 1997, S. 23–33; Horst Möller, *Wie aufgeklärt war Preußen?*, in: Hans-Jürgen Puhle/Hans-Ulrich

Wehler (Hg.), *Preußen im Rückblick*, Göttingen 1980, S. 176–201; Willy Real, *Von Potsdam nach Basel*, Basel-Stuttgart 1958; Horst Möller, *Der Primat der Außenpolitik. Preußen und die Französische Revolution 1789–1795*, in: Jürgen Voss (Hg.), *Deutschland und die Französische Revolution* ..., München 1993, S. 65–81; C. Frhr. v. d. Goltz, *Von Roßbach bis Jena und Auerstedt*, Berlin 1906, Zitat S. 244; Martin Philippson, *Geschichte des Preuß. Staatswesens vom Tode Friedrichs des Großen bis zu den Freiheitskriegen*, 2 Bde., Leipzig 1880/82; Anton Ernstberger, *Österreich-Preußen ... 1795–1797*, Prag 1932; Clemens Wischermann, *Preußischer Staat und westfälische Unternehmer*, Köln usw. 1992, zit. S. 295; Neugebauer, *Das alte Preußen*, s. I; Robert Stein, *Die Umwandlung der Agrarverfassung Ostpreußens*, 1. Bd., Jena 1918; Hans-Heinrich Müller, *Märkische Landwirtschaft vor den Agrarreformen von 1807*, Potsdam 1967; Georg Friedrich Knapp, *Die Bauernbefreiung*, 2 Bde., 2. Aufl., München-Leipzig 1927; Lieselott Enders, *Produktivkraftentwicklung und Marktverhalten*, in: *Jb. f. Wirtschaftsgeschichte* 1990/3, S. 81–105; dies., *Emanzipation der Agrargesellschaft im 18. Jh.*, in: Jan Peters (Hg.), *Konflikt und Kontrolle in Gutsherrschaftgesellschaften* ..., Göttingen 1995, S. 404–433; Wolfgang Neugebauer, *Die Schulreform des Junkers Marwitz* ..., in: Peter Albrecht/Ernst Hinrichs (Hg.), *Das niedere Schulwesen im Übergang vom 18. zum 19. Jahrhundert*, Tübingen 1995, S. 259–288; Wolfgang Neugebauer, *Bildungsreformen vor Wilhelm von Humboldt*, in: *Jb. f. brandenbg. Landesgeschichte* 41 (1990), S. 226–249; Hartmut Harnisch, *Kapitalistische Agrarreform und Industrielle Revolution*, Weimar 1984.

Zu V: GStA PK, I. HA, Rep. 74, Rep. 77, Rep. 89; XX. HA; WAPO; *Acta Borussica. Neue Folge*, hg. von Jürgen Kocka/Wolfgang Neugebauer, Bd. 1 ff., Hildesheim usw. 1999 ff.; – Vorzüglich: Ilja Mieck, *Die Rettung Preußens? Napoleon und Alexander I. in Tilsit 1807*, in: ders., u. a. (Hg.), *Deutschland-Frankreich-Rußland*, München 2000, S. 15–35; Brendan Simms, *The impact of Napoleon*, Cambridge 1997; Goltz s. IV; Hans Delbrück, *Das Leben des Feldmarschalls Grafen Neidhardt von Gneisenau*, 2 Bde., 3. Aufl., Berlin 1908; Thomas Stamm-Kuhlmann, *König in Preußens großer Zeit. Friedrich Wilhelm III.* ..., Berlin 1992; Quellen zur Reform: *Publikationen* *aus den Preussischen Staatsarchiven*, Bd. 93 u. 94, Leipzig 1931/38; *Freiherr vom Stein. Briefe und amtl. Schriften*, 2. Bd., 2. Tl., Stuttgart 1960; Heinrich Scheel (Hg.), *Das Reformministerium Stein*, 3 Bde., Berlin 1966–1968; *Sammlung der für die Königlichen Preußischen Staaten erschienenen Gesetze und Verordnungen 1806 bis ... 1810*, Berlin 1822; *Gesetz-Sammlung für die Königlichen Preußischen Staaten*, 1810 ff.; Gerhard Ritter, *Staatskunst und Kriegshandwerk*, Bd. 1, 4. Aufl., München 1970; Heinz G. Nitschke, *Die Preußischen Militärreformen 1807–1813*, Berlin 1983; Georg Winter, *Zur Entstehungsgeschichte des Oktoberedikts ...*, in: *FBPG* 40 (1927), S. 1–33; Werner Conze, *Die Wirkungen der liberalen Agrarreformen ...*, in: *VSWG* 38 (1949/50), S. 2–43; Gerhard Ritter, *Stein*, 2 Bde., Stuttgart-Berlin 1931; Ilja Mieck, *Die verschlungenen Wege der Städtereform in Preußen (1806–1856)*, in: Bernd Sösemann (Hg.), *Gemeingeist und Bürgersinn*, Berlin 1993, S. 53–83; Paul Haake, *Der preußische Verfassungskampf vor hundert Jahren*, München-Berlin 1921; Herbert Obenaus, *Anfänge des Parlamentarismus in Preußen bis 1848*, Düsseldorf 1984; Reinhart Koselleck, *Preußen zwischen Reform und Revolution*, 2. Aufl., Stuttgart 1975; Barbara Vogel, *Allgemeine Gewerbefreiheit*, Göttingen 1983; Ernst Klein, *Von der Reform zur Restauration*, Berlin 1965; Ernst von Meier, *Die Reform der Verwaltungsorganisation unter Stein und Hardenberg*, 2. Aufl., München-Leipzig 1912; Windfried Baumgart, *Europäisches Konzert und nationale Bewegung*, Paderborn usw. 1999; Heinrich Ritter v. Srbik, *Metternich*, 2 Bde., München 1925; W. Neugebauer, in: *Handbuch d. Preuß. Gesch. II*, (s. o.), S. 605–798; ders., *Die Demagogenverfolgungen in Preußen*, in: *Fs. Otto Büsch*, Berlin 1988, S. 201–245; Rüdiger Schütz, *Preußen und die Rheinlande*, Wiesbaden 1979; Wischermann, s. IV; Friedrich Zunkel, *Der Rheinisch-Westfälische Unternehmer 1834–1879*, Köln 1962; David E. Barclay, *Anarchie und guter Wille. Friedrich Wilhelm IV. ...*, Berlin 1995; Anselm Doering-Manteuffel, *Die dt. Frage und das europ. Staatensystem 1815–1871*, München 1993; Wolfgang Köllmann, *Bevölkerung in der industriellen Revolution*, Göttingen 1974; Otto Büsch, *Industrialisierung und Gewerbe im Raum Berlin/Brandenburg 1800–1850*, Berlin 1971; Wolfram Fischer, *Industrialisierung und soziale Frage in Preußen*, in: *Preußen. Seine Wirkung auf die deutsche Ge-*

schichte, Stuttgart 1985, S. 223–260; Siegfried Bahne, *Die Verfassungspläne Friedrich Wilhelms IV. von Preußen*, Habilschr. Bochum (Masch.) 1971, zit. S. 13; Wolfgang Neugebauer, *Die Protokolle des ... Huldigungslandtages von 1840*, in: *JGMOD* 41 (1993), S. 235–262; David E. Barclay, *König, Königtum, Hof ... 1840–1861*, in: *JGMOD* 36 (1987), S. 1–21, zit. S. 6, später S. 17 ff.; Frank-Lothar Kroll, *Politische Romantik und romantische Politik bei Friedrich Wilhelm IV.*, in: a. a. O., S. 94–106, zit. S. 103; Leopold von Ranke, *Friedrich Wilhelm IV. ...*, in: ders., *Abhandlungen und Versuche. Neue Sammlung*, Leipzig 1888, S. 403–474, Zitat (1846) S. 441; Hans-Christof Kraus, *Das preußische Königtum und Friedrich Wilhelm IV. aus der Sicht Ernst Ludwig von Gerlachs*, in: *JGMOD* 36 (1987); S. 47–93, zit. S. 52 f.; ders., *Ernst Ludwig von Gerlach*, 2 Bde., Göttingen 1994; Friedrich Meinecke, *Radowitz und die deutsche Revolution*, Berlin 1913; Wolfgang J. Mommsen, *Preußisches Staatsbewußtsein und deutsche Reichsidee*, in: ders., *Der autoritäre Nationalstaat*, Frankfurt a. M. 1992, S. 66–85, zit. S. 71 f., S. 83 u. ö.; Walter Bußmann, *Das Scheitern der Revolution in Preußen 1848*, in: *Preußen ... Wirkungen* (s. o.), S. 153–177; Hans Mähl, *Die Überleitung Preußens in das konstitutionelle System ...*, München-Berlin 1909; Günther Grünthal, *Zwischen König, Kabinett und Kamarilla ...*, in: *JGMOD* 32 (1983), S. 119–174; ders., *Bemerkungen zur Kamarilla Friedrich Wilhelms IV. im nachmärzlichen Preußen*, in: *JGMOD* 36 (1987), S. 39–47; Dirk Blasius, *Friedrich Wilhelm IV. Persönlichkeit und Amt*, in: *HZ* 263 (1996), S. 589–607; Günther Grünthal, *Parlamentarismus in Preußen 1848/49–1857/58*, Düsseldorf 1982; ders., *Das preußische Dreiklassenwahlrecht*, in: *HZ* 226 (1978), S. 17–66; Hans-Christof Kraus, *Konstitutionalismus wider Willen ...*, in: *FBPG* NF 5 (1995), S. 157–240; Karl Haenchen, *Revolutionsbriefe 1848 ...*, Leipzig 1930; Erich Brandenburg, *Untersuchungen und Aktenstücke zur Geschichte der Reichsgründung*, Leipzig 1916.

Zu VI: GStA PK, I. HA, Rep. 89, Rep. 90, VI. HA, Rep. 92 (Keudell); Acta Borussica, NF, s. V; W. Baumgart s. V (Zitat: S. 237 f.); Grünthal s. V; Egmont Zechlin, *Bismarck und die Grundlegung der deutschen Großmacht*, 2. Aufl., Darmstadt 1960; Andreas Hillgruber,

Otto von Bismarck, Göttingen usw. 1978; Wolfgang Zorn, *Wirtschafts- und sozialgeschichtliche Zusammenhänge der dt. Reichsgründungszeit (1850–1897)*, 1963, wieder in: Hans-Ulrich Wehler (Hg.), *Moderne dt. Sozialgeschichte*, 4. Aufl., Köln 1973, S. 254–284, S. 511–517; Helmut Böhme, *Deutschlands Weg zur Großmacht*, 3. Aufl., Köln 1974; W. Baumgart, *Zur Außenpolitik Friedrich Wilhelms IV. ...*, in: *JGMOD* 36 (1987), S. 132–156; Hartwin Spenkuch, *Das Preußische Herrenhaus ...*, Düsseldorf 1998; Kraus, s. V; Ernst Rudolf Huber, *Deutsche Verfassungsgeschichte seit 1789*, Bd. 2 u. 3, 2. Aufl., Stuttgart usw. 1970/75; Kroll, *Romantik*, s. V, S. 103; ders., *Friedrich Wilhelm IV. ...*, Berlin 1990, S. 67 ff., S. 103; Otto Hintze, *Festrede*, in: *Feier des 25jährigen Regierungsjubiläums ...*, Berlin 1913, S. 36 (Zitat); Friedrich Vogel, *Die Krankheit Friedrich Wilhelms IV. ...*, in: *JGMOD* 36 (1987), S. 255–271; Walter Bussmann, *Die Krönung Wilhelms I.*, in: *Fs. Repgen*, Berlin 1983, S. 189–212; Leo Haupts, *Die liberale Regierung in Preußen in der Zeit der „Neuen Ära"*, in: *HZ* 227 (1978), S. 45–85; Günther Grünthal, *Grundlagen des konstitutionellen Regiments in Preußen 1848–1967 ...*, in: Gerhard A. Ritter (Hg.), *Regierung, Bürokratie und Parlament ...*, Düsseldorf 1983, S. 41–55; ders., *Die Wahlen zum preußischen Abgeordnetenhaus von 1858*, in: *Fs. G. A. Ritter*, München usw. 1994, S. 329–345; Adalbert Hess, *Das Parlament, das Bismarck widerstrebte*, Köln und Opladen 1964; Ludwig Dehio, *Die Taktik der Opposition während des Konflikts*, in: *HZ* 140 (1929), S. 279–347; Erich Marcks, *Kaiser Wilhelm I.*, 9. Aufl., Berlin 1943; Wilhelm Deist, *Militär, Staat und Gesellschaft*, München 1991; Fritz Hartung, *Volk und Staat in der deutschen Geschichte*, Leipzig 1940; Ritter, *Staatskunst*, s. V; Heinrich August Winkler, *Preussischer Liberalismus u. dt. Nationalstaat*, Tübingen 1964; Julius Heyderhoff (Hg.), *Deutscher Liberalismus im Zeitalter Bismarcks*, 1. Bd., Bonn-Leipzig 1925; Hans Boldt, *Verfassungskonflikt und Verfassungshistorie*, in: *Der Staat.* Beiheft 1, Berlin 1975, S. 75–102; Otto v. Bismarck, *Die gesammelten Werke*, Bd. 15, Berlin 1932, S. 178 ff.; Lothar Gall, *Bismarck. Der weiße Revolutionär*, Frankfurt a. M. 1980; Rudolf Stadelmann, *Das Jahr 1865 ...*, München-Berlin 1933, zit. S. 3; Hans Goldtschmidt, *Das Reich und Preußen im Kampf um die Führung*, Berlin 1931; Heinrich Triepel, *Die Hegemonie*, Stuttgart

1938; Otto Becker, *Bismarcks Ringen um Deutschlands Gestaltung*, Heidelberg 1958; Friedrich Meinecke, *Weltbürgertum und Nationalstaat* (= Werke, 5), München 1962, S. 444 (Zitat Bismarck); Hans Herzfeld, *Johannes von Miquel*, 2 Bde., Detmold 1938; Neugebauer, Artikel: *Puttkamer*, in: NDB 23, 2003, S. 19–21, mit Lit.; Bismarck-Zitate 1870: Moritz Busch, *Tagebuchblätter*, 1. Bd., Leipzig 1899, S. 303, S. 554 f.; Karl Erich Born, in: *Handbuch d. Preuß. Gesch.*, Bd. 3 (s. o.), S. 15–148; W. Neugebauer, in Bd. 2, bes. S. 743 ff.; Oswald Hauser, *Zur Problematik der Nationalisierung Preußens*, in: Ernst-Wolfgang Böckenförde (Hg.), *Moderne deutsche Verfassungsgeschichte*, Köln 1972, S. 95–105; Mommsen, s. o., S. 84 f.; Karl Erich Born, *Preußen und Deutschland im Kaiserreich*, Tübingen 1967; Rudolf Morsey, *Die oberste Reichsverwaltung unter Bismarck 1867–1890*, Münster 1957; Elisabeth Fehrenbach, *Wandlungen des deutschen Kaisergedankens 1871–1918*, München-Wien 1969; Klaus Heß, *Junker und bürgerliche Großgrundbesitzer im Kaiserreich*, Stuttgart 1990; Hansjoachim Henning, *Die unentschiedene Konkurrenz ...*, Mainz 1994; Hof(-gesellschaft): Neugebauer, *Residenz*, s. unter II, mit Lit.; Graf Carl v. Wedel, *Zwischen Kaiser und Kanzler*, Leipzig 1943; Ernst Gagliardi, *Bismarcks Entlassung*, 1. Tl., Tübingen 1927; John C. G. Röhl, *Wilhelm II.*, (2 Bde), München 1993/2001; abgewogen Frank-Lothar Kroll, *Wilhelm II.*, in: ders., *Herrscher* (s. III), S. 290–310, S. 338 ff.; Wilhelm Schüssler, *Die Daily-Telegraph-Affaire*, Göttingen 1952; W. Fischer, *Industrialisierung*, s. V, zit. S. 236; Karl Erich Born, *Der wirtschaftliche und soziale Strukturwandel in Deutschland am Ende des 19. Jahrhunderts*, in: Böckenförde, s. o., S. 450–469; Jürgen Kocka, *Das lange 19. Jahrhundert*, Stuttgart 2001; F. Zunkel, s. V; Klaus Saul, *Staat, Industrie, Arbeiterbewegung im Kaiserreich*, Düsseldorf 1974; Hugo Grf. Lerchenfeld-Köfering, *Kaiser Wilhelm II. ...*, Kallmünz 1985 (Zitat Auguste-V. S. 19); Karl Demeter, *Das deutsche Offizierkorps*, 4. Aufl., Frankfurt 1965; Thomas Kühne, *Dreiklassenwahlrecht und Wahlkultur in Preußen*, Düsseldorf 1994; F. Hartung, *Staatsbildende Kräfte der Neuzeit*, Berlin 1961; Holger Afflerbach, *Falkenhayn*, 2. Aufl., München 1996; Fritz Fischer, *Griff nach der Weltmacht*, 3. Aufl., Düsseldorf 1964, zit. S. 85–88; Mommsen, s. o., S. 69 f., S. 82; Walther Rathenau, *Der Kaiser*, Berlin 1919, zit. S. 51; Siegfried A.

Kaehler, *Studien zur deutschen Geschichte des 19. und 20. Jahrhunderts*, Göttingen 1961, bes. S. 266; Reinhard Patemann, *Der Kampf um die preußische Wahlreform im Ersten Weltkrieg*, Düsseldorf 1964; Jürgen Kocka, *Klassengesellschaft im Krieg*, 2. Aufl., Göttingen 1978, zit. S. 43; Adolf Stutzenberger, *Die Abdankung Kaiser Wilhelms II.*, Berlin 1937; v. Eisenhart-Rothe, *Der Kaiser am 9. November*, Berlin 1922, zit. S. 28; Kuno Graf v. Westarp, *Das Ende der Monarchie ...*, Stollhamm-Berlin 1952.

Zu VII: Zit. Mommsen (s. V), zit. S. 70; *Mantelnote und Antwort der Alliierten und Assoziierten Mächte ...*, Charlottenburg 1919, Zitat S. 34 f.; Zitat Preuß: Friedrich Purlitz, *Deutscher Geschichtskalender ... Die deutsche Reichsverfassung vom 11. August 1919*, Leipzig o. J., S. 19 f.; Arnold Brecht, *Föderalismus, Regionalismus und die Teilung Preußens*, Bonn 1949; Horst Möller, in: *Handbuch der preuß. Gesch.*, Bd. 3 (s. o.), S. 149–316, Zitat S. 281; Gerhard Anschütz, *Die Verfassung des Deutschen Reiches vom 11. August 1919*, 12. Aufl., Berlin 1930, S. 38 f. auch S. 68; Horst Möller, *Das Ende Preußens*, in: Wolfgang Böhme (Hg.), *Preußen – eine Herausforderung*, Karlsruhe 1981, S. 100–114; Hagen Schulze, *Otto Braun*, 2. Aufl., Frankfurt a. M. 1977; Zahlen: Hansjoachim Winkler, *Die Weimarer Demokratie*, Berlin 1963; Karl Dietrich Bracher, *Die Auflösung der Weimarer Republik*, 5. Aufl., Villingen 1971; Horst Möller, *Parlamentarismus in Preußen 1919–1932*, Düsseldorf 1985; Georg Kotowski, *Preußen und die Weimarer Republik*, in: Richard Dietrich (Hg.), *Preußen. Epochen und Probleme seiner Geschichte*, Berlin 1964, S. 145–169, S. 176 f.; *Handbuch über den Preußischen Staat*, 136. Jg., 1930 (ferner Jgg. 1934, 1938, veränderter Titel Jg. 141, 1939); *Handbuch über den Preußischen Landtag. Ausgabe für die 5. Wahlperiode*, Berlin 1933; Otto Braun, *Von Weimar zu Hitler*, 2. Aufl., New York 1940, Zitat S. 40; Ludwig Biewer, *Der Preußenschlag vom 20. Juli 1932*, in: *Blätter f. dt. Landesgeschichte*, 119 (1983), S. 159–172; Heinz Kathe, *Die Hohenzollernlegende*, Berlin 1973; Wolfgang Neugebauer, *Zur preußischen Geschichtswissenschaft zwischen den Weltkriegen*, in: *Jb. f. brandenburg. Landesgeschichte* 50 (1999), S. 169–196; Konrad Barthel, *Friedrich der Grosse in Hitlers Geschichtsbild*, Wiesbaden 1977; Eberhard Mertens, *Filmprogramme*,

Bd. 6: *Die großen Preußenfilme*, Hildesheim-New York 1981; Manfred Schlenke, *Das „preußische Beispiel" in Propaganda und Politik des Nationalsozialismus*, in: *Aus Politik und Zeitgeschichte* B 27/68, S. 15–23; Robert Ergang, *The Potsdam Führer. Frederick William I, Father of Prussian Militarism*, New York 1941; S. D. Stirk, *The Prussian Spirit ...*, London 1941; Gerhard Schulz, *Die Anfänge des totalitären Maßnahmenstaates*, (3. Aufl.), Frankfurt a. M. 1974; Martin Broszat, *Der Staat Hitlers*, 4. Aufl., München 1974; Heinz-Dieter Bayer, *Der Staatsrat des Freistaates Preußen*, Berlin 1992; Andreas Koenen, *Der Fall Carl Schmitt*, Darmstadt 1995; Stefan Martens, *Hermann Göring*, Paderborn 1985; Alfred Kube, *Pour le mérite und Hakenkreuz*, München 1986; Lothar Kettenacker, *Preußen in der alliierten Kriegszielplanung 1939–1947*, in: *Fs. Paul Kluke*, München 1981, S. 312–340; Andreas Hillgruber, *Zweierlei Untergang*, 3. Aufl., Berlin 1986.

Bibliographischer Nachtrag zur Taschenbuchausgabe

Robert I. Frost, *The Northern Wars. War, State and Society in Northeastern Europe, 1558–1721*, Harlow usw. 2000; Karin Friedrich, *The Other Prussia. Royal Prussia, Poland and Liberty, 1569–1772*, Cambrigde 2000; Michael Kaiser/Michael Rohrschneider (Hg.), *Membra unius capitis. Studien zu Herrschaftsauffassungen und Regierungspraxis in Kurbrandenburg (1640–1688)* (= FBPG, NF, Beiheft 7), Berlin 2005; Johannes Kunisch (Hg.), *Dreihundert Jahre Preußische Königskrönung.* (= FBPG, NF, Beiheft 5), Berlin 2002; Wolfgang Ribbe (Hg.), *Schloß und Schloßbezirk in der Mitte Berlins*, Berlin 2005; Guido Hinterkeuser, *Das Berliner Schloß. Der Umbau durch Andreas Schlüter*, Berlin 2003; Thomas Kemper, *Schloß Monbijou. Von der königlichen Residenz zum Hohenzollern-Museum*, Berlin 2005; Jürgen Kloosterhuis, *Legendäre „lange Kerls". Quellen zur Regimentskultur der Königsgrenadiere Friedrich Wilhelms I. 1713–1740*, Berlin 2003; Horst Möller, *Aufklärung und Demokratie. Historische Studien zur politischen Vernunft*, München 2003; Wolfgang Neugebauer, *Zur Geschichte des preußischen Untertanen besonders im 18. Jahr-*

hundert, in: *FBPG*, NF 13 (2003), S. 141–161; Wolfgang Neugebauer, *Die Hohenzollern*, Bd. 2: *Dynastie im säkularen Wandel von 1740 bis in das 20. Jahrhundert*, Stuttgart 2003; Wolfgang Neugebauer, *Staatsverfassung und Heeresverfassung in Preußen während des 18. Jahrhunderts*, in *FBPG*, NF 13 (2003), S. 83–102; Jürgen Kloosterhuis, *Kabinetts-Minüten*, in: Klaus Dettmer (Hg.), *„Es wächst zusammen, was zusammengehört". Beiträge zum wissenschaftlichen Kolloquium zu Ehren von Jürgen Wetzel am 25. November 2003 im Landesarchiv Berlin* (= Schriftenreihe des Landesarchivs Berlin, Bd. 7), Berlin 2004, S. 25–62; Wolfgang Radtke, *Gewerbe und Handel in der Kurmark Brandenburg 1740 bis 1806. Zur Interdependenz von kameralistischer Staatswirtschaft und Privatwirtschaft* (= Veröffentlichungen des Brandenburgischen Landeshauptarchivs, Bd. 46), Berlin 2003; Lieselott Enders, *Frondienste in der Altmark – Analyse und Vergleich (16.–18. Jahrhundert)*, in: *JGMOD* 49 (2004), S. 83–147; Jan Peters (Hg.), *Potsdamer Studien zur Geschichte der ländlichen Gesellschaft*, Bd. 1–4, Köln-Weimar-Wien 2001–2003; Frank Göse, *Rittergut-Garnison-Residenz. Studien zur Sozialstruktur und politischen Wirksamkeit des brandenburgischen Adels 1648–1763* (= Veröffentlichungen des Brandenburgischen Landeshauptarchivs Potsdam, Bd. 51), Berlin 2005; Hannelore Lehmann, *Zum Bittschriftenwesen in fridericianischer Zeit*, in: *Jahrbuch für brandenburgische Landesgeschichte* 55 (2004), S. 77–99; Wolfgang Neugebauer, *Kabinett und Öffentlichkeit. Der Fall Potsdam-Berlin*, in: Iwan D'Aprile u. a. (Hg.), *Tableau de Berlin. Beiträge zur „Berliner Klassik" (1786–1815)* (= Berliner Klassik, Bd. 10), Hannover-Laatzen 2005, S. 19–33; Claudia Sedlarz, *Die Hierodulen des Eros Uranios. Hirts Inszenierungen von Hoffesten*, in: Dies. (Hg.), *Aloys Hirt. Archäologe, Historiker, Kunstkenner* (= Berliner Klassik, Bd. 1), Hannover-Laatzen 2004, S. 191–216; Thomas Stamm-Kuhlmann (Hg.), *„Freier Gebrauch der Kräfte". Eine Bestandsaufnahme der Hardenberg-Forschung*, München 2001; Günther Grünthal, *Verfassung und Verfassungswandel. Ausgewählte Abhandlungen*, hg. von Frank-Lothar Kroll u. a., Berlin 2003; Jürgen Müller, *Deutscher Bund und deutsche Nation 1848–1866*, (= Schriftenreihe der Historischen Kommission bei der Bayerischen Akademie der Wissenschaften, Bd. 71), Göttingen 2005; Thomas Serrier, *Entre Allemagne et*

Pologne. Nations et identités frontalières, 1848–1914, Paris 2002; Patrick Wagner, *Bauern, Junker und Beamte …*, Göttingen 2005; Michael Schmid, *Der „Eiserne Kanzler" und die Generäle. Deutsche Rüstungspolitik in der Ära Bismarck (1871–1890)*, Paderborn usw. 2003; Hans Fenske, *Preußentum und Liberalismus. Aufsätze …*, Dettelbach 2002; Wolfgang J. Mommsen, *War der Kaiser an allem schuld? Wilhelm II. und die preußisch-deutschen Machteliten*, München 2002; Martin Kohlrausch, *Der Monarch im Skandal. Die Logik der Massenmedien und die Transformation der wilhelminischen Monarchie* (Elitenwandel in der Moderne, Bd. 7), Berlin 2005; Sönke Neitzel, *Kriegsausbruch. Deutschlands Weg in die Katastrophe 1900–1914*, München 2002; Wolfgang J. Mommsen, *Der Erste Weltkrieg. Anfang vom Ende des bürgerlichen Zeitalters*, Frankfurt am Main 2004; Holger Afflerbach (Bearb.), *Kaiser Wilhelm II. als Oberster Kriegsherr im Ersten Weltkrieg. Quellen aus der militärischen Umgebung des Kaisers 1914–1918* (= Deutsche Geschichtsquellen des 19. und 20. Jahrhunderts, Bd. 64), München 2005; Friedhild den Toom, *Wilhelm II. in Doorn*, Doorn 2002; Horst Möller, *Die Weimarer Republik. Eine unvollendete Demokratie*, 7. Aufl. München 2004; Dirk Blasius, *Carl Schmitt. Preußischer Staatsrat in Hitlers Reich*, Göttingen 2001; Christian Tilitzki, *Das „Alte Preußen" gegen die Moderne: Otto Weber-Krohse und Marion Gräfin Dönhoff*, in: *JGMOD* 49 (2003), S. 301–323; Matthias Weber (Hg.), *Preußen in Ostmitteleuropa. Geschehensgeschichte und Vertstehensgeschichte*, München 2003; Constanze Paffrath, *Macht und Eigentum. Die Enteignungen 1945–1949 im Prozeß der deutschen Wiedervereinigung*, Köln-Weimar-Wien 2004.

Zeittafel

1225/26	Ruf des Deutschen Ordens nach Preußen durch Herzog Konrad von Masowien
1249	Friede von Christburg
1260	Prußenaufstand
1415/17	Anfall Kurbrandenburgs an die fränkischen Hohenzollern
1455	Rückkauf der ostbrandenburgischen Neumark
1472/73	Brandenburgische Landtagsabschiede; Konsolidierung der Landstände aus Prälaten, Adel und Städten
1525	Säkularisation des Deutschen Ordens in Preußen, Herzogtum Preußen (späteres Ostpreußen) durch Albrecht von Brandenburg-Ansbach
1539/40	Reformation in der Kurmark Brandenburg, Kirchenordnung unter Kurfürst Joachim II.
1603	Tod Markgraf Georg Friedrichs, Aussterben der älteren fränkischen Hohenzollern
1604	Gründung des brandenburgischen Geheimen Rats
1613	Übertritt Kurfürst Sigismunds zum Kalvinismus
1618	Tod Herzog Albrecht Friedrichs in Preußen, Personalunion Brandenburgs mit Preußen
1619/20–1640	Kurfürst Georg Wilhelm
1626	Brandenburg und Preußen im Dreißigjährigen Krieg
1640–1688	Kurfürst Friedrich Wilhelm (1675:) der „Große Kurfürst“
1648, Okt.	Westfälischer Frieden, Territorialgewinne: Hinterpommern, Halberstadt, Minden; Anwartschaft auf das Erzstift Magdeburg
1652/53	Brandenburgischer Landtag

1655–1660	Nordischer Krieg, beendet durch den Frieden von Oliva
1661–1663	Langer Landtag in (Ost-)Preußen
1675	Gefecht von Fehrbellin
1680	Anfall des Magdeburger Erzstiftsgebiets
1685	Edikt von Potsdam (Hugenottenzuzug)
1688–1713	Kurfürst Friedrich III., als König Friedrich I.
1701, 18. Jan.	Preußische Königskrönung in Königsberg
1710	Unteilbarkeits-Verfügung Friedrichs I.
1713–1740	Friedrich Wilhelm I., König; Kabinettsregierung
1720	Friede zu Stockholm mit Schweden, Erwerb Stettins und von Teilen Vorpommerns
1722/23	Reform der inneren Staatsorganisation, Gründung des „Generaldirektoriums"
1733	Militärverfassung: Kantonsystem
1738/39	Abkehr Preußens vom Bündnis mit Österreich
1740–1786	Friedrich II., (inoffiziell:) „der Große"
1740/42	Erster Schlesischer Krieg; Annexion Schlesiens
1744/45	Zweiter Schlesischer Krieg
1756–1763	Siebenjähriger Krieg
1763	Friede von Hubertusburg
1770	Systematisierte Beamtenprüfung, Ober-Examinationskommission
1772	Erste Teilung Polens, Annexion Westpreußens und des Netzedistriktes
1780	Beginn der Justizreform
1786–1797	Friedrich Wilhelm II.
1792–1795	Teilnahme Preußens am 1. Koalitionskrieg gegen Frankreich

1793/95	2. und 3. Teilung Polens
1794	Allgemeines Landrecht
1795	Separatfrieden von Basel
1797–1840	Friedrich Wilhelm III.
1806/07	Krieg gegen Frankreich, Niederlage von Jena und Auerstedt, Friede von Tilsit
1807/08	Reformministerium Stein
1807	Oktoberedikt (9. Okt.), Aufhebung der Gutsuntertänigkeit; Freiheit des Boden-Verkehrs (Grundbesitz)
1808	Städteordnung
1808/10	Verwaltungsreform
1810	Gründung der Universität Berlin
1810–1822	Staatskanzler Hardenberg
1810/11	Gewerbefreiheit
1812	Rußlandfeldzug Napoleons
1812/13	Bündniswechsel Yorcks und Insurrektion Ostpreußens
1813	Landwehr und Landsturm
1814	Gesetzliche Verankerung der Allgemeinen Wehrpflicht (Kriegspflichtgesetz, 3. Sept.)
1814/15	Wiener Kongreß
1815	sog. „Verfassungsversprechen“
1819	Karlsbader Beschlüsse
1823/24	Provinzialständeorganisation
1834	Zollverein
1837	Maschinenfabrik Borsig
1840–1861	Friedrich Wilhelm IV.
1840	Huldigungslandtag in Königsberg; Verfassungsfrage

1847	Vereinigter Landtag
1848	Märzkämpfe, 5. Dezember: Verfassungsoktroi
1849	Dreiklassenwahlrecht und „Revision“ der Verfassung
1850	30. Januar, Preußische Konstitution; Scheitern der deutschen „Unionspolitik“ Preußens
1858	Regentschaft Wilhelms (I.)
1861–1888	König Wilhelm I., seit 1871 Kaiser
1860/62–1866	Heeres- und Verfassungskonflikt
1862	Otto von Bismarck, Ministerpräsident
1864	Dänischer Krieg
1866	Preußisch-österreichisch-deutscher Krieg; Schlacht bei Königgrätz; Indemnitätsvorlage
1866	Annexion Kurhessens, Hannovers, Frankfurts; Erwerb Schleswig-Holsteins
1866/67–1871	Norddeutscher Bund
1870/71	Gründung des deutschen Reichs, 18. Januar 1871: Kaiserproklamation
1871/72	Kulturkampfgesetze gegen die katholische Kirche
1878	(Reichs-)Sozialistengesetz
1886	(Antipolnisches) Ansiedlungsgesetz
1888	Friedrich III., König und Kaiser
1888–1918	Wilhelm II., König und Kaiser
1890	Sturz Bismarcks
1890–1894	„Neuer Kurs“
1894–1900	Clodwig Prinz von Hohenlohe-Schillingsfürst preuß. Ministerpräsident und dt. Reichskanzler
1910	Gründung der Kaiser-Wilhelm-Gesellschaft
1914/18	Erster Weltkrieg

1917	Sturz des Reichskanzlers und Ministerpräsidenten Bethmann Hollweg (seit 1909)
1918, Okt.	Prinz Max von Baden preußischer Außenminister
Nov. 1918	Revolution
1918, 28. Nov., 1. Dez.	Abdankung Wilhelms II. und des Kronprinzen, im holländischen Exil
1918, Nov.	Freistaat Preußen
1918/20	Paul Hirsch (Sozialdemokrat) preuß. Ministerpräsident
1920–1932/33	Otto Braun (SPD) preuß. Ministerpräsident
1920	Kapp-Putsch
1920, 30. Nov.	„Verfassung des Freistaates Preußen“
1920/21	Aufstände im Ruhrgebiet und in Mitteldeutschland
1923	Alliierte Besetzung des Ruhrgebietes
1927	Konflikt zwischen dem Reich und Preußen
1932, April	Landtagswahl, Verlust der demokratischen Mehrheit
1921, 20. Juli	„Preußenschlag“ Franz von Papens
1933, 6. Feb.	Zweiter Preußenschlag
11. April	Hermann Göring preuß. Ministerpräsident
1934	Verbot monarchistischer Verbände
1941, 4. Juni	Tod Wilhelms II. im Exil
1947, 25. Feb.	Auflösung Preußens durch Kontrollratsgesetz